Bosnien-Herzegowina

Wegweiser zur Geschichte

Herausgegeben vom
Militärgeschichtlichen Forschungsamt

Wegweiser zur Geschichte
Bosnien-Herzegowina

Im Auftrag des
Militärgeschichtlichen Forschungsamtes
herausgegeben von
Agilolf Keßelring

FERDINAND SCHÖNINGH 2005

Paderborn • München • Wien • Zürich

Umschlagabbildung:
Wiedererrichtete »Alte Brücke« (Stari Most) über die Neretva in Mostar (picture-alliance/dpa; Fotograf: epa Filippo Monteforte)

Trotz sorgfältiger Nachforschungen konnten nicht alle Rechteinhaber ermittelt werden. Wir bitten gegebenenfalls um Mitteilung.

Die Deutsche Bibliothek - CIP-Einheitsaufnahme

Ein Titeldatensatz für diese Publikation ist bei der Deutschen Bibliothek erhältlich

Gedruckt auf umweltfreundlichem, chlorfrei gebleichtem und alterungsbeständigem Papier ISO ∞ 9706

Internet: www.schoeningh.de

Redaktion, Lektorat, Satz, Layout: MGFA, Potsdam
Druck: SKN Druck und Verlag GmbH & Co., Norden

Printed in Germany

ISBN 3-506-72976-4

Inhalt

II. Konflikte und Wahrnehmungen

Vorwort

Mit dem »Wegweiser zur Geschichte: Bosnien-Herzegowina« betritt das Militärgeschichtliche Forschungsamt (MGFA) in mehrfacher Hinsicht neue Wege. Das vorliegende Buch eröffnet eine Reihe, die sich gezielt mit der Geschichte von Krisengebieten auseinandersetzt. Dies entspricht zum einen dem aktuellen Bedürfnis vieler politisch Interessierter, sich verlässlich über die historischen Zusammenhänge in jenen Ländern zu informieren, die gegenwärtig immer wieder in den Schlagzeilen der Weltpresse auftauchen. Angesichts des zunehmenden internationalen Engagements der Bundeswehr reagiert das MGFA damit aber vor allem auf die konkreten Bedürfnisse jener deutschen Verbände und Soldaten, die ihren militärischen Auftrag in Auslandseinsätzen zu erfüllen haben. Mit der Vermittlung von historischem Orientierungswissen über ihre Einsatzländer sollen unsere Wegweiser dabei helfen, sich in diesem komplexen und oft fremdartigen Umfeld besser zurechtzufinden.

Im ersten Vorhaben zeigen Experten zentrale historische Entwicklungen in Bosnien-Herzegowina auf. Auf Einschätzungen der aktuellen politischen Situation wird hingegen verzichtet. Wir haben großen Wert auf eine gut verständliche und ansprechende Darstellung gelegt, die durch einen Serviceteil mit historischen Daten, eine Zeittafel, Karten zur politischen Entwicklung der Region sowie zu historischen Erinnerungsorten und ein Register ergänzt wird. Zentrale Begriffe finden Sie in farblich hervorgehobenen Kästen im Text erläutert. Weiterführende Literaturtitel und Internetlinks sollen dazu einladen, Gelesenes zu vertiefen.

Ausgangspunkt für das internationale militärische Engagement in Bosnien-Herzegowina war ein Bürgerkrieg, der in den neunziger Jahren nicht nur viele Opfer gefordert hat, sondern auch Grenzen und ethnische Strukturen des ehemaligen Jugoslawien grundlegend verändert hat. Es liegt deshalb nahe, dass wir bei der Darstellung der politischen Entwicklung der Region als Teil des Osmanischen Reiches und Österreich-Ungarns sowie Jugoslawiens auch den historischen Wurzeln der bisherigen Konflikte breiten Raum einräumen. Im jugoslawischen Fall sind dabei nicht nur Spannungen zwischen ethnischen und religiösen Gruppen, sondern bis in die Gegenwart hinein auch Rolle und Wahrnehmung von Fremdherrschaft, etwa der deutschen Okkupationsmacht im Zweiten Weltkrieg, von Bedeutung.

Die Entstehung des »Wegweisers zur Geschichte« in nur sechs Monaten ist das gemeinschaftliche Werk vieler Mitwirkender. Am MGFA hat Dr. Bernhard Chiari, der seit Januar 2005 unser »Modul Einsatzunterstützung« (MEU) führt, das Gesamtprojekt geleitet. Das neue Produkt hat er mit Wissenschaftlern an universitären Forschungseinrichtungen sowie mit Dienststellen und Ausbildungseinrichtungen der Bundeswehr entwickelt. Durch die Veröffentlichung einer Vorstufe im Internet und vor allem im Dialog mit deutschen und österreichischen Soldaten der EUFOR, mit unseren Dozenten für Militärgeschichte an den Ausbildungseinrichtungen der Bundeswehr und anderen wurde der Wegweiser den Wünschen und Bedürfnissen der Lesererinnen und Leser angepasst. Als Herausgeber und Bearbeiter hat Hauptmann Agilolf Keßelring das Buch zu seinem ganz persönlichen Anliegen gemacht und mit Energie und Kreativität zum Abschluss gebracht. In der Schriftleitung bearbeiteten die Lektoren Michael Thomae und Dr. Aleksandar-S. Vuletić als Teil des Redaktionsteams die Manuskripte in enger Abstimmung mit dem Herausgeber; Maurice Woynoski gab dem Buch sein grafisches Gesicht, den Satz besorgte Christine Mauersberger; Marina Sandig schließlich kümmerte sich um die Bildbeschaffung und die dazugehörigen Rechte.

Mit Professor Dr. Holm Sundhaussen (Freie Universität Berlin) und Dr. Konrad Clewing (Südost-Institut, München) konnten zwei exzellente Kenner der Geschichte des Balkans für die Mitarbeit in einem neu ins Leben gerufenen Wissenschaftlichen Beirat Einsatzunterstützung (WBE) gewonnen werden. Für die Unterstützung unserer Evaluierung in Rajlovac danke ich stellvertretend für alle Beteiligten dem Abteilungsleiter J2 im Einsatzführungskommando, Oberst i.G. Karl Ernst Graf Strachwitz (ebenfalls Angehöriger des WBE), und dem Kommandeur des 2. Deutschen Einsatzkontingentes EUFOR, Oberst Axel Loewe. In der Schlussphase verstärkte Haris Čuljević, bosniakischer Medienauswerter im Stab EUFOR, das Redaktionsteam. Vor allem aber gilt mein Dank den Autorinnen und Autoren, die das Projekt neben ihrer Expertise auch um persönliche Sichtweisen und Akzente bereichert haben.

Dem Wegweiser zur Geschichte Bosnien-Herzegowina wünsche ich viel Erfolg in seiner Doppelfunktion als wissenschaftlich basierte und zugleich leicht fassliche Publikation des Verlages Ferdinand Schöningh sowie als neue Ausbildungshilfe und Medium der historischen Bildung in den Streitkräften. Ich hoffe, dass der Wegweiser Ihr Interesse für die komplexe und faszinierende Geschichte Bosnien-Herzegowinas wecken wird, die mehr aufzuweisen hat als Krisen und Konflikte.

Dr. Hans Ehlert
Oberst und Amtschef
des Militärgeschichtlichen Forschungsamtes

Architektur – Bilderservice Kandula, Witten/Kilzer

Burgtor Jajce
Ende des 14. Jahrhunderts erbaute der bosnische Herzog Vukčić Hrvatinić an den Ufern der Flüsse Pliva und Vrbas eine Festung und nannte sie Jajce. Wie keine andere steht die Stadt Jajce für das mittelalterliche Bosnien. Gemeinhin ist sie als Sitz der (christlichen) bosnischen Könige vor der Eroberung durch das Osmanische Reich bekannt.

Vom christlichen Mittelalter bis zum 18. Jahrhundert

Das Gebiet des späteren Bosnien und der Herzegowina war in der Antike illyrisch und romanisch besiedelt. Im Zuge einer awarisch-slawischen Landnahme wurde es – wohl schon vor dem Eintreffen der Stämme der Kroaten und der Serben – ab dem späten 6. Jahrhundert sprachlich slawisiert. Der ausgesprochene Mangel an schriftlichen Quellen zum bosnischen Frühmittelalter gibt unterschiedlichen Interpretationen weiten Raum und bietet daher die Möglichkeit zur politischen Ausbeutung »historischer Legitimationen« von Herrschaft oder Selbstständigkeit. In serbischer und kroatischer Literatur findet sich häufig die These, dass Serben oder Kroaten die ersten Herrschaftsstrukturen auf bosnischem Boden geschaffen hätten. Hieraus wurde ein politischer serbischer bzw. kroatischer Anspruch auf Bosnien und die Herzegowina abgeleitet. Dem hielten Befürworter einer bosnischen Eigenstaatlichkeit entgegen, dass es bereits zu Zeiten der Awaren – also vor der Ankunft der Kroaten und Serben – zu Herrschaftsstrukturen in Bosnien gekommen sei.

Fest steht, dass die erste schriftliche Erwähnung Bosniens, als politische Einheit rund um das spätere Sarajevo, erst aus der Mitte des 10. Jahrhunderts stammt. Im Verlauf des 9. Jahrhunderts erfolgte die Christianisierung des Gebietes. Die Oberhoheit über Bosnien wechselte bis ins 12. Jahrhundert wiederholt zwischen den verschiedenen Nachbarn und Byzanz. Ob dabei eigene bosnische Herrschaftsstrukturen fortbestanden, ist umstritten. Etwa ab 1102 dehnte sich die ungarische Herrschaft auf Bosnien aus. Bis zum Ende des Ersten Weltkrieges berief sich die ungarische Monarchie auf dieses Datum. Vom 13. Jahrhundert bis 1463 wurde das Territorium aber als eigenständiger Teil am Rande der mittelalterlichen europäisch-christlichen Staatenwelt wahrgenommen. Zwischenzeitlich bestanden immer wieder Abhängigkeiten zu Ungarn. Unter Ban Stjepan Kotromanić (1322–1353) kam es 1326 zur Annexion großer Teile der heutigen Herzegowina. Zum ersten Mal bildeten somit das – ungeachtet der teils orthodoxen Glaubenszugehörigkeit seiner Herrscher – kirchlich und kulturell traditionell an Kroatien angelehnte

Bosnische Kirche und Bogomilen: historische Frage mit politischer Tragweite

In der westkirchlichen (Rom) und ostkirchlichen Überlieferung (Byzanz) des Mittelalters wurde die abgeschiedene bosnische Kirche mit Ketzerbewegungen in Verbindung gebracht, etwa mit dem ursprünglich aus Bulgarien stammenden Bogomilentum (benannt nach dem Gründer, einem gewissen Priester Bogomil aus dem 10. Jahrhundert n.Chr.). Die Angehörigen der bosnischen Kirche selbst bezeichneten sich als Krstjani (Christen). Schon im 19. Jahrhundert kam es zu einem auch durch national-religiöse Sichtweisen geprägten Historikerstreit über die Verbindung der bosnischen Kirche mit den Bogomilen. Während der serbisch-orthodoxe Historiker Božidar Petrović die Meinung vertrat, die bosnische Kirche sei eine von der serbischen Orthodoxie abgefallene Sekte, hielt der kroatische Historiker Franjo Rački die Theorie dagegen, sie sei direkte Nachfahrin der bulgarischen Bogomilen. Demnach habe sie sich unabhängig von den Kirchen in Kroatien oder Serbien entwickelt. Die kroatische Forschung Mitte des 20. Jahrhunderts schließlich sah die bosnische Kirche als abgelegenen Zweig der katholischen. Insbesondere in Zeiten starker nationaler Agitation führten alle Seiten die verschiedenen Interpretationen als »Beweis« für die Jahrhunderte alte Eigenständigkeit Bosniens oder im Gegenteil für dessen nicht minder lange Zugehörigkeit zu Serbien oder Kroatien ins Feld. Neuere Forschungen stehen den Theorien, die bosnische Kirche habe ihren Ursprung im Bogomilentum, skeptisch gegenüber.

Bosnien und das Gebiet der späteren Herzegowina mit seiner serbischen Prägung eine politische Einheit. Ihren Höhepunkt erreichte die Macht des im Südosten und Norden schließlich bis zur Adria vergrößerten Reichs unter Stjepans Nachfolger Tvrtko (gest. 1391), der sich 1377 zum König Bosniens und Serbiens krönen ließ.

Im 14. Jahrhundert begann der Aufstieg des im nordwestlichen Anatolien gelegenen Fürstentums Osmans zu einem mehrere Kontinente umspannenden Weltreich. Erstmals drangen osmanische Armeen auf die südosteuropäische Halbinsel vor und eroberten im Jahre 1352 die am Marmarameer gelegene Festung

Tzympe. In den darauf folgenden Jahrzehnten wurden die bulgarischen und serbischen Herrscher zu Vasallen des in Konstantinopel (Istanbul) residierenden Sultans. Dieser osmanischen Expansion konnte auch das bosnische Königreich nicht standhalten. Dessen Eroberung begann mit dem osmanischen Einfall 1386 und war im Jahre 1463 weitgehend abgeschlossen.

Nach der militärischen Besetzung errichteten die Osmanen als *sancak* (Sandschak, südslav. sandžak) bezeichnete Verwaltungseinheiten, die auch Gebiete umfassten, die über die Grenzen des heutigen Staates Bosnien-Herzegowina hinausgingen. So folgte dem bosnischen *sancak* derjenige der Herzegowina 1470, dann der von Zvornik (Ostbosnien mit Teilen Serbiens) 1480/81, der von Klis (Westbosnien mit Teilen Dalmatiens) 1537 und jener von Bihać vor 1620. Diese *sancak*s bildeten ab 1580 zusammen mit einigen eroberten slawonischen, kroatischen und dalmatinischen Territorien die bosnische Provinz (eyalet-i Bosna). Die Anzahl sowie die territoriale Ausdehnung der erwähnten Verwaltungseinheiten waren bis zum Ende der osmanischen Herrschaft in Bosnien (1878) zahlreichen Veränderungen unterworfen. Im 19. Jahrhundert reformierte schließlich der Gouverneur Omer Pascha Latas (1850–1852) die bis dahin bestehenden Strukturen und ersetzte die *sancak*s durch *kaymakamlık*s.

Die Verwaltungsstruktur Bosniens erhielt außerdem durch das »Kapudanat« eine eigene Gestalt. Die ersten Kapetane (türk. *Kapudan*) traten im 16. Jahrhundert an der nördlichen Grenze der Provinz auf und übernahmen dort primär Polizei- und Verwaltungsaufgaben. Ende des 18. Jahrhunderts gab es bereits 39 Kapetane. Ihr Amt war in vielen Fällen erblich geworden. Mit eigenen Festungen, als Truppenkommandeure und als Steuerpächter hatten die Kapetane in Bosnien eine starke Stellung inne.

Mit der Eroberung Bosniens und der Herzegowina durch die Osmanen änderten sich auch die ethnischen und konfessionellen Gegebenheiten in diesen Gebieten. In der Frühphase der osmanischen Herrschaft kamen als »Walachen« (auch »Vlachen«) bezeichnete serbisch-orthodoxe Viehhändler nach Bosnien. Im Gebiet der Neretva, in Nordost- und Nordwestbosnien, zeugen noch heute serbisch-orthodoxe Klöster von der Ansiedlung der Walachen. Gleichzeitig setzte auch ein Islamisierungsprozess ein, der seine größte Intensität im 16. Jahrhundert erreichte und spätestens im frühen 17. Jahrhundert die Bevölkerung mehrheitlich muslimisch werden ließ. Im Gegensatz dazu verlor der Katholizismus zahlenmäßig an Bedeutung, so dass im Jahre 1710 nur noch etwa 25 000 Katholiken und 77 000 Orthodoxe in Bosnien lebten.

Mit dem Großen Türkenkrieg (1683–1699) begann die Zurückdrängung des Osmanischen Reiches aus Südosteuropa durch die Habsburger. Schwerwiegende Auswirkungen sowohl auf die demographisch-konfessionellen als auch die sozialen Entwicklungen in dieser Provinz waren die Folge: Der osmanischen Niederlage vor Wien (1683) folgte der Verlust ungarischer, kroatischer und dalmatinischer Gebiete, aus denen etwa 130 000 Muslime nach Bosnien flüchteten. Außerdem schlossen sich 1697 viele Katholiken dem Rückzug Prinz Eugens von Savoyen an, der mit österreichischen Truppen zwischenzeitlich bis nach Sarajevo vorgedrungen war. Der Friede von Karlowitz (Sremski Karlovci) beendete 1699 den Großen Türkenkrieg. Bald folgten neue militärische Auseinandersetzungen. Die darauf im Frieden von Passarowitz 1718 festgelegte Südwestgrenze Bosniens gilt bis heute. Ein neuerlicher Einfall der Habsburger auf osmanisches Territorium endete mit der österreichischen Niederlage bei Banja Luka (1737). Der im anschließenden Friedensschluss von Belgrad (1739) festgelegte Grenzverlauf entspricht der heutigen Nordgrenze des Staates Bosnien-Herzegowina. In der darauf folgenden 50jährigen Friedensperiode wuchs die Bevölkerung von 340 000 auf 600 000, wobei im Zeitraum von 1732 bis 1789 die Zahl der Christen wesentlich schneller anstieg als die der Muslime. Die katholische Bevölkerung nahm von 30 000 auf 79 000 (163 Prozent) zu, die orthodoxe von 113 000 auf 253 000 (124 Prozent) und die muslimische von 198 000 auf 265 000 (34 Prozent). Die unterschiedliche demographische Entwicklung von Muslimen und Christen war auch ein Ausdruck der politischen und militärischen Umstände, die auf diese Grenzprovinz des Osmanischen Reiches einwirkten und zu einer Zukunftsangst unter der muslimischen Bevölkerung führten. Als im Jahre 1788 erneut österreichische Truppen in Bosnien einfielen, ließ dieser Krieg bereits Grundrisse des geopolitischen Spiels um die Balkanländer erkennen, das die politischen und militärischen Auseinandersetzungen im 19. Jahrhundert bestimmen sollte. Der jetzt deutliche

MGFA/Keßelring

Die weiße Burg (Bijela Tabija) über Sarajevo
Als Wahrzeichen aus osmanischer Zeit wird das historische Bauwerk wieder aufgebaut und restauriert.

Verfall des Osmanischen Reiches verstrickte die europäischen Großmächte in immer größere Auseinandersetzungen, weil sie bei der Aufteilung der »Erbmasse« unterschiedliche Interessen verfolgten. Es war nun nicht mehr die militärische Stärke der Osmanen, sondern der politische und militärische Druck der europäischen Großmächte, der Österreich im Frieden von Sistowa (1791) zwang, auf einen Teil seiner Eroberungen zu verzichten.

Die ökonomischen und sozialen Strukturen Bosniens veränderten sich im 17. und 18. Jahrhundert. Muslimische Handwerker, Kaufleute und Händler schlossen sich den Janitscharen (vgl. S. 18) an, um deren Privilegien zu genießen. Diese wiederum engagierten sich mehr im Handel und Handwerk, als dem Kriegshandwerk nachzugehen. Im Verlauf des 18. Jahrhunderts entstand eine serbisch-orthodoxe Kaufmannschaft, was auch zu einem Erstarken der orthodoxen Kirchengemeinden in Mostar und Sarajevo führte. Spannungen bestanden zwischen dem orthodoxen Klerus und den Katholiken bzw. den seit dem 13. Jahrhundert in diesem Raum tätigen Franziskanermönchen. Die Quellen zeugen von den Versuchen des orthodoxen Patriarchen, die Katholiken zur Übernahme des orthodoxen Ritus und zur Entrichtung der damit verbundenen Abgaben zu zwingen. Die kirchenpolitischen Auseinandersetzungen spiegeln jedoch nicht das Verhältnis unter den Gläubigen wider. Katholiken, Orthodoxe und Muslime hatten zwar entsprechend ihrer jeweiligen Religionszugehörigkeit teilweise unterschiedliche Wertvorstellungen und Traditionen. Dennoch kann nicht von einem Gegeneinander, sondern zumindest von einem Nebeneinander der unterschiedlichen Religionen und Ethnien angehörenden Menschen gesprochen werden. Sowohl die muslimische als auch die nichtmuslimische Bevölkerung Bosniens hatten jedoch unter den Auswirkungen einer Krise zu leiden, von der das osmanische Militär- und Verwaltungssystem befallen war. Sie drückte sich in der Eintreibung überhöhter Steuern und Abgaben ebenso wie in Übergriffen marodierender Soldaten aus, die oft lange und nicht selten vergeblich auf ihren Sold warten mussten. Neben den aus den Reihen der ländlichen Bevölkerung rekrutierten Einheiten gefährdeten auch die Janitscharen die Sicherheit in der Provinz.

Markus Koller und Konrad Clewing

Literaturempfehlungen:

Jozo Džambo, Die Franziskaner im mittelalterlichen Bosnien, Werl 1991 (= Franziskanische Forschungen, 35)

Srećko M. Džaja, Konfessionalität und Nationalität Bosniens und der Herzegowina. Voremanzipatorische Phase 1463–1804, München 1984 (= Südosteuropäische Arbeiten, 80)

Markus Koller, Bosnien an der Schwelle zur Neuzeit. Eine Kulturgeschichte der Gewalt (1747–1798), München 2004 (= Südosteuropäische Arbeiten, 121)

Österreichische Nationalbibliothek, Wien

Triumphaufzug der Janitscharen, um 1588

Die Janitscharen (yeni çeri, türk. für »neue Truppe«) bildeten im Osmanischen Reich das ab dem 16. Jahrhundert mit Feuerwaffen ausgerüstete stehende Heer. Sie wurden aus den steuerpflichtigen, meist christlichen Untertanen (Reaya) rekrutiert. Dies geschah mittels der Knabenlese, einer periodischen Aushebung christlicher Jungen, die zum muslimischen Glauben übertreten mussten. Lediglich in Bosnien kamen auch die Söhne muslimischer, aber slawischer Bauern zu den Janitscharen. Ab dem 17. Jahrhundert wurde die Zugehörigkeit zu den Janitscharen zunehmend als Privileg gesehen.

Die letzten Jahrzehnte unter osmanischer Herrschaft 1826–1878

Drei Faktoren – die Entwicklungen an den Grenzen der bosnischen Provinz, Reformen der osmanischen Regierung und spezifische Probleme innerhalb Bosniens – prägten die Spätphase der osmanischen Herrschaft in der Region. Zahlreiche militärische Niederlagen führten der osmanischen Führung die Notwendigkeit vor Augen, grundlegende Reformen im Militärwesen vorzunehmen. Als Sultan Mahmut II. (1808–1839) im Jahre 1826 die Aufstellung neuer Truppen ankündigte, kam es zu einem Aufstand der Janitscharen in Istanbul, der jedoch niedergeschlagen werden konnte und zur Vernichtung des Korps führte. Die Geschehnisse hatten erhebliche Auswirkungen auf Bosnien, wo inzwischen ein großer Teil der muslimischen Stadtbewohner zu Janitscharen geworden war. Als ein neuer Wesir nach Bosnien geschickt wurde, um gegen die dortigen Janitscharen vorzugehen, traf er auf teilweise erbitterten Widerstand, der in Sarajevo erst 1827 gebrochen werden konnte. Die Reformen auf dem militärischen Sektor, welche die osmanische Zentralregierung umzusetzen versuchte, führten zum Zusammenschluss der bosnischen Kapetane.

An die Spitze der Reformgegner wurde im Jahre 1831 Husein Kapetan Gradaščević aus dem nordbosnischen Gradačac gewählt – gegen den Widerstand der wichtigsten herzegowinischen Notabeln, Ali Pascha Rizvanbegović und Smail Aga Čengić. Er begab sich mit einer kleinen Streitmacht nach Travnik, das – von wenigen Jahren abgesehen – zwischen 1699 und 1851 Amtssitz der Gouverneure war. Den Wesir zwang er, seine moderne Uniform auszuziehen und nach einer rituellen Reinigung die traditionelle Kleidung wieder anzulegen. Gradaščević führte später 25 000 Soldaten ins Kosovo, um mit der osmanischen Armee unter dem Kommando des Großwesirs einen in Nordalbanien ausgebrochenen Aufstand niederzuschlagen. Dort legte er seine Forderungen vor: Selbstständigkeit in der Verwaltung, ein Ende der Reformen in Bosnien und die Zusage, dass künftig immer ein bosnischer Beg oder Kapetan zum Gouverneur ernannt werde. Zuerst sollte aber er selbst in dieses Amt berufen werden. Der Großwesir gab vor, diesen Wünschen zu entsprechen, aber in Wirklichkeit versuchte er, die Kapetane zu entzweien. Es gelang ihm, die herzegowinischen Notabeln unter Führung von Ali Pascha Rizvanbegović zum Abfall von Husein Kapetan Gradaščević zu bewegen. Im Jahre 1832 erreichte der zum neuen bosnischen Wesir ernannte Mahmud Hamid Pascha mit einer Armee von etwa 30 000 Soldaten seine Provinz und schlug den Aufstand endgültig nieder. Husein Kapetan Gradaščević fand in Österreich Zuflucht und wurde später vom Sultan mit der Auflage begnadigt, nicht nach Bosnien zurückzukehren, sondern in Istanbul zu leben. Dort starb er am 30. oder 31. Juli 1833.

Ali Pascha Rizvanbegović erhielt für sein loyales Verhalten gegenüber der Hohen Pforte den herzegowinischen *sancak* zur Verwaltung, der hierzu vom bosnischen *eyalet* abgespalten wurde. Die Kapetane – einst Stütze der osmanischen Zentralmacht in Bosnien – hatten sich zu unzuverlässigen Partnern entwickelt, so dass diese Institution 1835 abgeschafft wurde. An ihre Stelle traten *müteselllim:* Beamte, deren Ernennung der Gouverneur vornahm. Wenn auch einzelne Kapetane in besagte Funktion berufen wurden, so hatten sie dennoch ihre Macht verloren, da sie keine Truppen mehr kommandierten, und das neue Amt relativ bedeutungslos war. Bis 1850 kam es immer wieder zur Rebellion einzelner Kapetane, die aber niedergeschlagen werden konnten.

Hohe Pforte

Der Begriff »Hohe Pforte« (auch Pforte, türk. bâb-i-âli) bezeichnete von 1718 bis 1922 die Regierung des osmanischen Reiches. Ursprünglich war damit ein dem Hof des Sultans nahe gelegenes Gebäude mit den Hauptregierungsämtern gemeint.

Sultan Mahmut II. war nicht nur bestrebt, die militärische Schlagkraft des Osmanischen Reiches zu stärken. Er ging außerdem daran, den gesamten Staat zu modernisieren. Durch seinen Tod am 1. Juli 1839 fiel die Proklamation der als *Heilsame Neuordnung* bezeichneten Reformen in die Regentschaft seines 16-jährigen Sohnes Abdülmecit I. (1839–1861). Das am 3. Novemver 1839 verkündete Edikt von Gülhane versprach die Unantastbarkeit von Leben, Ehre und Besitz. Außerdem kündigte es eine Reform des Einberufungsmodus und des Gerichtswesens sowie des Steuersystems an, in dessen Rahmen die Steuerpacht abgeschafft werden sollte. Diese Prinzipien wurden in einem ähnlichen Erlass im Jahre 1856 wiederholt und ausgebaut. In ihm spielten besonders die Rechte der christlichen Bevölkerung im Osmanischen Reich eine wichtige Rolle. Die Christen erhielten nicht nur die uneingeschränkte Religionsfreiheit, sondern sollten künftig sowohl alle Zivilämter bekleiden als auch in den Militärdienst eintreten können. Gleichzeitig bekamen sie das Recht zugesprochen, sich davon freizukaufen. Diese in Istanbul verkündeten neuen politischen Prinzipien hatten zunächst auf das Leben in den Provinzen des Reiches wenig Auswirkungen, und Bosnien stellte dabei keine Ausnahme dar.

Die Reformen stießen hier vor allem bei der muslimischen Oberschicht auf Ablehnung, da deren Wohlstand auf Steuerpacht und auf Landbesitz beruhte. Ursprünglich hatte der Boden großteils dem Staat gehört, während Privatbesitz nur von untergeordneter Bedeutung gewesen war. Angehörige des Militärs, meist der schweren Reiterei (*spahi*), aber auch Richter, Rechtsgelehrte oder sogar Bischöfe erhielten als *Timar* bezeichnete »Dienstlehen«. Darunter wurde nicht die Vergabe von Land als solchem, sondern die zeitlich begrenzte Zuweisung von Einkünften daraus verstanden; im Gegenzug mussten Dienstleistungen erbracht werden. Aus unterschiedlichen Gründen, wie dem militärischen Bedeutungsverlust der *spahis*, begann der Verfall des *Timar*-Systems. Er fand in der Umwandlung der Dienstlehen in Privatbesitzungen (*çiftlik*) seinen sichtbaren Ausdruck. Aufgrund der geographischen Bedingungen in Bosnien waren die dortigen *çiftliks* meist kleiner als in anderen Provinzen, so dass häufig der Besitz einer Steuerpacht die wichtigste Basis für den Wohlstand lokaler Notabeln war. Trotz der offiziellen Abschaffung des *Timar*-Systems im Jahre 1831 hielten die Landbesitzer oftmals weiter an ihren *Spahi*-Rechten fest und überführten das Land in ihren Privatbesitz.

Zu den Verpflichtungen der Bauern gehörte neben der Entrichtung des Zehnten sowie weiterer Abgaben die Fronarbeit. Zwischen 1840 und 1850 stieg die Belastung für die Bauern stetig an. Daher versuchte der Gouverneur Tahir Pascha, der seit 1847 im Amt war, Veränderungen im Agrarsektor herbeizuführen. Er schuf beispielsweise den Frondienst ab und erhöhte dafür den Anteil an der Ernte, den der Bauer an den Gutsbesitzer abzuführen hatte. Jedoch verweigerte sich die Mehrzahl der Landbesitzer den Neuerungen. Als der Gouverneur auch noch Reformen in der Armee durchzusetzen versuchte, kam es zu einer Revolte der *Beg*s und *Aga*s, der Landeigentümer, die noch andauerte, als Tahir Pascha 1850 starb. Sein Nachfolger wurde Omer Pascha Latas, ein aus der Lika (Krajina, Kroatien) stammender Slawe, der in der österreichischen Armee an der Militärgrenze gedient hatte. Er schlug die Rebellion nieder und brach dadurch die Macht der landbesitzenden Klasse, so dass die Reformen von 1839 durchgeführt werden konnten. Auch die Neuerungen von Tahir Pascha wurden unter Omer Pascha Latas umgesetzt.

Viele der Auseinandersetzungen im 19. Jahrhundert hatten soziale oder ökonomische Hintergründe. In den Jahren 1834 und 1835 gab es bereits Aufstände der *Kmeten* (Bauern) gegen die Landbesitzer, wobei es auch zu einer Zusammenarbeit zwischen katholischen und orthodoxen Kmeten kam. In den späten 1860er Jahren richtete sich der Unmut der Bauern vor allem gegen die Steuereintreiber. Deren Praxis, die Ernte schon vor ihrem Einbringen zu schätzen und auf dieser Grundlage die Steuern zu berechnen, forderte den Widerstand der Landbevölkerung heraus. 1868 protestierten 10 000 orthodoxe und muslimische Bauern in der Posavina in Nordostbosnien. Ein Jahr später machten etwa 100 Muslime und Orthodoxe bei Foča ihrem Ärger auf die gleiche Art und Weise Luft. Trotz gemeinsamer Protestaktionen war im Verlauf des 19. Jahrhunderts allerdings eine deutliche Zunahme der Spannungen zwischen Christen und Muslimen festzustellen. Konsulatsberichte aus der ersten Hälfte des 19. Jahrhunderts zeugen von der Verschlechterung der gegenseitigen Beziehungen. Beispielsweise bestanden die Muslime 1853 darauf, dass die kleine orthodoxe Gemeinde in Travnik ihre Kirche außerhalb der Stadt errichten solle.

Viele der interkonfessionellen Auseinandersetzungen folgten aber auch aus dem Zusammenspiel innerbosnischer Probleme und äußerer Einflüsse. Hierzu zählt die Entwicklung der kroatischen und serbischen Nationalideologien. Kroatische und serbische Nationalisten deuteten die Ethnizität der bosnischen Bevölkerung jeweils in ihrem Sinne. In den 1850er Jahren agierten serbische Lehrer aus Dalmatien und der Vojvodina als Propagandisten an den konfessionellen Schulen der serbisch-orthodoxen Gemeinden in Bosnien und der Herzegowina. Ihre Tätigkeit wurde von russischen Panslawisten unterstützt. Die enge Verbindung mit dem Reich des Zaren ermöglichte es jungen Serben aus Bosnien und der Herzegowina, ihre Ausbildung in Russland zu absolvieren. Auch versuchten die Großmächte, über ihre diplomatischen Vertretungen Einfluss auf die Entwicklungen in Bosnien zu nehmen. Hierbei sahen sich Russland und Österreich als Schutzmächte für die orthodoxe bzw. katholische Bevölkerung. Insgesamt war eine Belebung der beiden christlichen Kirchen zu beobachten, was sich an der steigenden Zahl katholischer Priester und orthodoxer Popen sowie dem Bau neuer Schulen und Kirchen zeigte.

Das Ende der osmanischen Herrschaft in Bosnien hatte weniger religiöse als vielmehr wirtschaftliche und politische Ursachen. 1875 hatten sich im Distrikt Nevesinje christliche Bauern in die Berge zurückgezogen, um nach einer Missernte der gewaltsamen Steuereintreibung zu entgehen. Bald gab es weitere Bauernaufstände in Nordbosnien, und viele Menschen flohen nach Kroatien und Montenegro. Die ursprünglich primär auf der Unzufriedenheit der Bauern aufbauende Revolte führte schließlich dazu, dass sich Teile der orthodoxen Bevölkerung dem serbischen Staat gegenüber loyal erklärten. Der bosnische Gouverneur und eine von muslimischen *Beg*s aufgestellte Truppe versuchten den Aufstand mit großer Härte niederzuschlagen.

Im Juli 1876 erklärten Serbien und Montenegro dem Osmanischen Reich den Krieg. Die militärischen Auseinandersetzungen verliefen zugunsten der Truppen des Sultans, woraufhin die russische Regierung eingriff und die Hohe Pforte in einen Waffenstillstand einwilligen musste. Das Zarenreich erklärte 1877 dem Sultan erneut den Krieg, und ein weiteres Jahr später stand die russische Armee unmittelbar vor den Toren Istanbuls. Im Friedensschluss von San Stefano 1878 sollte Bulgarien erheblich vergrößert werden und Bosnien Teil des Osmanischen Reiches bleiben. Jedoch lehnten die übrigen europäischen Großmächte eine derart starke Stellung Russlands in Südosteuropa ab, so dass der Frieden von San Stefano noch im gleichen Jahr auf dem Berliner Kongress korrigiert wurde. Gemäß den dort getroffenen

Vereinbarungen sollte Bosnien zwar nominell weiter zum Osmanischen Reich gehören, aber von Österreich-Ungarn besetzt und verwaltet werden. Am 24. Juli 1878 marschierten habsburgische Truppen in Bosnien ein. Nach über 400 Jahren osmanischer Herrschaft fielen Bosnien und die Herzegowina unter österreichisch-ungarische Verwaltung.

Markus Koller

Literaturempfehlungen:

Ivo Andrić, Wesire und Konsuln, Frankfurt a.M. 2001
Smail Balić, Das unbekannte Bosnien. Europas Brücke zur islamischen Welt, Köln, Weimar, Wien 1992
Noel Malcolm, Geschichte Bosniens, Frankfurt a.M. 1996

Entwicklungen im Balkanraum 1877–1914

ullstein bild – AP

Nationalbibliothek Sarajevo

Die Nationalbibliothek in Sarajevo ist eines der bedeutendsten Zeugnisse der österreichischen Zeit Bosnien-Herzegowinas. Mit dem pseudomaurischen Stil trug man Ende des 19. Jahrhunderts dem orientalischen Charakter der Stadt Rechnung. Nach serbischem Artilleriebeschuss brannte die Nationalbibliothek in der Nacht vom 25. auf den 26. August 1992 aus. Zweieinhalb Millionen unschätzbare Bücher, Karten, Bilder, Fotos und wissenschaftliche Arbeiten gingen unwiederbringlich verloren.

Zwischen Osmanischem Reich und Österreich-Ungarn 1878–1918

Die Geschicke Bosnien-Herzegowinas wurden im Laufe der Jahrhunderte weniger in Sarajevo oder Mostar als vielmehr in Wien, Berlin, Sankt Petersburg oder Istanbul entschieden. Der Niedergang des als »kranker Mann am Bosporus« charakterisierten Osmanischen Reiches begünstigte eine konkurrierende, expansive Balkanpolitik Russlands und Österreich-Ungarns.

Die besondere innere Beschaffenheit des österreichisch-ungarischen Vielvölkerstaates wirkte sich unmittelbar auf die politische Lage in Bosnien-Herzegowina aus. Die Österreichisch-Ungarische Monarchie – wie das von der Habsburgerdynastie regierte Reich seit 1867 offiziell hieß – hatte eine Ausdehnung von 625 518 Quadratkilometern von Bregenz (Vorarlberg) im Westen bis Czernowitz (Bukowina) im Osten. Es umfasste etwa 50 Millionen Menschen mit zwölf Sprachen sowie vier großen Religionen und Konfessionen.

Der Dualismus zwischen österreichischen und ungarischen Interessen bestimmte die teilweise widersprüchliche Politik des Reiches in Kroatien und indirekt in Bosnien-Herzegowina. Während es – vereinfacht gesprochen – in der Kaiserlich und königlichen (K.u.k.) Doppelmonarchie kaiserlicherseits die Tendenz gab, die slawischen Bevölkerungsteile des Reiches durch eine Stärkung Kroatiens an die Monarchie zu binden, trachtete die königliche (ungarische) Verwaltung danach, jede Stärkung des slawischen Elementes zu verhindern. Kroatien und Slawonien gehörten zur ungarischen Reichshälfte, und erst im kroatisch-ungarischen Ausgleich von 1868 hatte Kroatien den Status einer »politi-

Orientalische Frage

Begriff der europäischen Diplomatiegeschichte. Er bezeichnet die permanente Krisensituation im Südosten Europas, die durch den militärischen Niedergang des Osmanischen Reiches seit Ende des 17. Jahrhunderts entstand und durch aufbrechende Rivalitäten unter den europäischen Staaten gekennzeichnet war.

schen Nation« erhalten. Doch die ungarische Dominanz führte dazu, dass in Kroatien die Schaffung einer »Dritten (jugo-)slawischen Krone« gefordert wurde – und zwar gleichberechtigt neben der österreichischen und der ungarischen Krone im Habsburgerreich. Zusätzlich schufen regionale Interessen der Balkananrainer (vor allem Serbiens), die ihre Ziele oft weltanschaulich oder religiös verbrämten, in Bosnien eine Situation, die schon Zeitgenossen mit dem Schlagwort »Pulverfass Balkan« umschrieben. Von Bosnien-Herzegowina ging 1875 ein anti-osmanischer Aufstand aus, der Serbien im Jahr 1878 die volle Unabhängigkeit vom Osmanischen Reich brachte. Der junge serbische Staat war jedoch zwischen »Ost« und »West«, Russland und Österreich sowie liberalen und volkstümlichen politischen Zielvorstellungen zerrissen. Zudem konkurrierten zwei Dynastien (Obrenović und Karadjordjević) um die serbische Krone.

Auf dem Berliner Kongress von 1878 ermächtigten die europäischen Großmächte die Österreichisch-Ungarische Monarchie dazu, die osmanischen Provinzen Bosnien und Herzegowina zu besetzen, wobei diese Gebiete offiziell beim Osmanischen Reich verblieben. Diese vor allem als Gegengewicht zu einer russischen Dominanz auf dem Balkan gedachte Maßnahme stieß insbesondere bei der muslimischen Bevölkerung, aber auch bei vielen Serbisch-Orthodoxen auf Widerstand. In Maglaj, Jajce und Banja Luka kam es zu blutigen Kämpfen mit einheimischen Freischärlern. Das Militär des Habsburgerreiches benötigte drei Monate für die Besetzung der beiden Provinzen. Sofort machten sich die neuen Herren daran, das etwa 50 000 Quadratkilometer große Gebiet mit mehr als einer Million Einwohner in die K.u.k.-Monarchie zu integrieren.

Nachdem am 20. Oktober 1878 die K.u.k-Armee die militärische Macht in Bosnien-Herzegowina übernommen hatte, wurden die Okkupationsgebiete durch eine »Kommission für die Angelegenheiten Bosniens und der Herzegowina« verwaltet. Diese unterstand den gemeinsamen kaiserlich und königlichen Kriegs-, Außen- und Finanzministerien. Ab 26. Februar 1879 war dann ein »Büro für die Angelegenheiten Bosniens und der Herzegowina«, gesteuert durch das gemeinsame Finanzministerium, die federführende Behörde. Als »ziviler« Landeschef vor Ort führte ein General das besetzte Gebiet. Mit dem Jahreswechsel 1879/80 wurden die besetzten osmanischen Provinzen – entgegen den Bestimmungen des Berliner Vertrages – in das gemeinsame Zollgebiet der habsburgischen Doppelmonarchie eingegliedert; im November des Jahres 1881 folgte dann sogar die Einführung der Wehrpflicht.

Gemeinsame Aufstände von Serben und Muslimen in der Ostherzegowina zeigten rasch, dass vor allem die nicht-katholischen Einwohner der besetzten Provinzen den neuen Herrschern ablehnend gegenüberstanden. Für einen Staat übernationaler Prägung wie die Doppelmonarchie war der Einsatz auch von einheimischen – oft muslimischen – Freiwilligen im Kampf gegen Freischärler und Waffenschmuggler eine Selbstverständlichkeit. So wurden beispielsweise im Jahr 1883 von 1750 Dienstposten für das neu geschaffene »Gendarmerie Corps für Bosnien und die Hercegowina« allein 1229 Stellen mit ehemaligen Angehörigen der osmanischen Armee und Gendarmerie besetzt.

Die politische Eingliederung Bosnien-Herzegowinas in das Habsburgerreich sollte von Beginn an auch über das Instrument der Kultur- und Religionspolitik erfolgen. Dabei waren die jeweiligen religiösen Führer vor Ort als kulturelle Mittler vorgesehen. Es entsprach insgesamt der Politik des Vielvölkerreiches, religiöse Freiheiten zu gewähren, die religiösen Oberhäupter jedoch politisch an die Krone zu binden. Katholische und serbisch-orthodoxe Christen sowie Muslime sollten möglichst von ihrem jeweiligen geistig-politischen Außenzentrum (Rom, Belgrad, Istanbul) isoliert und statt dessen politisch auf Wien »ausgerichtet« werden. So schloss am 8. Juni 1881 der Wiener Hof mit der Römischen Kurie einen Vertrag, in dem die Organisation der katholischen Kirche auf dem Gebiet Bosnien-Herzegowinas neu geregelt wurde. Das Ergebnis war eine eigenständige Kirchenprovinz. Sie bestand aus dem Erzbistum in Sarajevo mit den unterstellten Bistümern Mostar für die Herzegowina und Banja Luka für Westbosnien. Ein Ziel der Reform war die Verdrängung des einflussreichen Franziskanerordens: In der Zeit der Osmanenherrschaft hatte sich eine teilweise starke Verbindung der Franziskaner mit den südslawischen Nationalbewegungen entwickelt. Des weiteren versuchte vor allem die ungarische Seite, eine faktische Erweiterung des Bistums von Djakovo (Kroatien) um die besetzten Gebiete zu verhindern. Die Angst in der ungarischen Reichshälfte, dass dem magyarischen mit einem kroatisch geführten slawischen Teil innerhalb der Doppelmonarchie ein ernsthafter Konkurrent erwachsen würde, war durchaus berechtigt; die Stärkung des katholischen Glaubens trat dagegen in den Hintergrund. Dies zeigt die Zunahme von nationalen Einzelinteressen in der Endphase des Vielvölkerreichs.

Die serbisch-orthodoxe Kirche hatte erhebliche Bedeutung für die serbische Nationalideologie. Sie war darum nur schwer in das Kirchensystem Österreich-Ungarns einzugliedern. Das Verhältnis der beiden Systeme zueinander wurde für Bosnien-Herzegowina in einem Abkommen mit dem Ökumenischen Patriarchen in Konstantinopel (Istanbul) vom 28. März 1880 geregelt. So wie der österreichische Kaiser mit dem Heiligen Stuhl das Recht ausgehandelt hatte, die katholischen Bischöfe einzusetzen, so konnte er nun auch die serbisch-orthodoxen Metropoliten ein- und absetzen. Zu den drei Metropolien mit Sitzen in Sarajevo, Mostar und Tuzla wurde im Jahr 1900 zusätzlich die Metropolie Banja Luka–Bihać gegründet. Die Metropoliten erhielten ihre Besoldung wie die katholischen Bischöfe aus Wien. Die österreichisch-ungarische Verwaltung subventionierte sowohl den Bau katholischer als auch orthodoxer Kirchen, so dass allein zwischen 1879 und 1897 in den besetzten Provinzen 151 orthodoxe Kirchen und Klöster errichtet wurden.

Mit diesen und anderen Maßnahmen sollte die serbische Orthodoxie in Bosnien-Herzegowina vom jungen serbischen Nationalstaat abgekoppelt werden. Dies erwies sich als fast unmögliches Unterfangen, war doch die serbisch-orthodoxe Kirche während der Osmanenherrschaft zum Kristallisationspunkt des Serbentums geworden. Kennzeichnend für die Position der Doppelmonarchie war, dass die österreichisch-ungarische Verwaltung nicht den Begriff »serbisch-orthodox«, sondern »griechisch-orthodox« oder später nur »orthodox« (pravoslavno) verwendete und als Eigenbezeichnung erlaubte. Erst 1905 erreichte das nationalbewusste serbische Bürgertum, dass die bosnisch-herzegowinische Verwaltung die offizielle Benennung »Serbisch-Orthodoxe« zuließ.

In einem christlichen Kaisertum musste die den Islam betreffende Religionspolitik besondere Schwierigkeiten aufwerfen. In der Konvention von Novi Pazar sicherte der Kaiser seinen muslimischen Untertanen die volle Religionsfreiheit zu. Ziel österreichisch-ungarischer Politik war die politische und nicht die religiöse Kontrolle im Sinne des aufklärerischen Gedankens der Trennung von Kirche und Staat. Diese Trennung war dem Islam jedoch von Haus aus fremd, was nahezu zwangsläufig zu Spannungen führte. Um die muslimische Bevölkerung von ihrem politisch-religiösen Zentrum Istanbul zu trennen, wurde im Jahr 1882 der Mufti von Sarajevo und Bosnien zum Reis-ul-Ulema, dem geistlichen Oberhaupt der Moslems in Bosnien-Herzegowina, bestellt. Der oberste islamische Rechtsgelehrte im Osmanischen Reich, der Scheich-ul-Islam in Istanbul, wurde hierbei schlichtweg nicht gefragt, sondern lediglich über die Ernennung in Kenntnis gesetzt. Bei der Einsetzung eines Nachfolgers im Jahr 1893 protestierte der Scheich-ul-Islam und warf die Investiturfrage auf (also die Frage nach dem Recht der Einsetzung der religiösen Führer). In den Jahren von 1899 bis 1909 blieb die Bestellung des Reis-ul-Ulema durch den Scheich-ul-Islam neben der Gleichberechtigung der arabischen Schrift eine der Kernforderungen der bosnisch-muslimischen Autonomiebewegung.

Die österreichisch-ungarische Herrschaft stieß bei nahezu allen Volksgruppen auf Widerstand. Doch war dieser nirgendwo so ausgeprägt wie in der serbischen Bevölkerung. Die serbische Nationalbewegung hatte in den Zeiten der osmanischen Herrschaft einen zunehmend militanten Charakter angenommen. Die ursprünglich religiös bestimmte nationale Identität der Serben wurde auf Grundlage nationalromantischer Ideen und des sprachreformerischen Wirkens von Vuk Karadžić seit dem 19. Jahrhundert vermehrt über sprachliche Gemeinsamkeiten definiert. Dem aufstrebenden und expansiven serbischen Nationalstaat hatte Österreich-Ungarn mit der Besetzung Bosniens und der Herzegowina förmlich einen Strich durch die Rechnung gemacht, lebten dort doch zahlreiche Slawen. Unterstützung erfuhr Serbien durch das ebenfalls orthodoxe und slawische Russland. Trotz seiner militärischen Erfolge gegen das Osmanische Reich stand das Zarenreich mit Bulgarien als ein Verlierer der Berliner Konferenz da. Bosnien und die Herzegowina nahmen für die »serbische Idee« einen zentralen Stellenwert ein. In der nationalen Vorstellung des »Panserbismus« wurden Bosnien und die Herzegowina als »ur-serbisches Gebiet« begriffen. Der serbisch-nationalistischen Propaganda antwortete die österreichisch-ungarische Verwaltung mit Gegenpropaganda, welche den »rein serbischen« Charakter Bosnien-Herzegowinas in Frage stellte und dagegen Schlagwörter wie »Bosniertum« und »kroatische Sprache« ins Feld führte.

Nicht zuletzt wegen der habsburgischen Versuche, neben den religiösen Führern auch das Schulwesen durch Reformen in den festen Griff der Verwaltung zu bringen, kam es 1882 zum »Ostherzegowinischen Aufstand«, in dem Serben und Muslime zusammen K.u.k-Truppen gegenüberstanden. Nachdem die osmanische Herrschaft durch diejenige Österreichisch-Ungarns abgelöst worden war, schienen Serben und Muslime im »katholischen« Österreich-Ungarn einen gemeinsamen Feind gefunden zu haben. Viele Serben fürchteten – durchaus nicht zu unrecht – eine »Kroatisierung« und »Katholisierung« Bosniens.

Es ist zu betonen, dass jedoch nicht allein religiöse, sondern auch kulturelle Gegensätze im weiteren Sinne zum Tragen kamen. Durch Schulreformen wollte die Verwaltung zunächst den geringen Alphabetisierungsgrad der Bevölkerung erhöhen und eine Verdichtung des Schulnetzes erreichen. Gemeinsame Proteste von Serben und Moslems richteten sich trotz grundsätzlicher Zustimmung aber gegen das Lernen der lateinischen Schrift, da beide Volksgruppen die Verdrängung der kyrillischen bzw. der arabischen Schrift befürchteten. Diese bildeten einen wesentlichen Teil der Verbindung zum jeweiligen »Mutterland«, also zu Serbien und zum Osmanischen Reich. Außerdem spielte die Schrift auch für die Vermittlung der jeweiligen Religion eine bedeutende Rolle. Der staatlich gelenkten Modernisierung stand in den Dörfern die Ablehnung des Modernen und des Fremden gegenüber. Der bürokratisch, militärisch und technisch wohl organisierte Staat Österreich-Ungarn griff schließlich mit seinen in vielen Bereichen erfolgreichen Reformen weit mehr in die patriarchalische und traditionalistische Lebenswelt vor Ort ein, als dies im Osmanischen Reich der Fall gewesen war.

Der Sprung von der religiös geprägten dörflichen Gemeinschaft in die westliche Moderne war gewaltig. So hinterließ die österreichisch-ungarische Herrschaft in Bosnien-Herzegowina ein Straßennetz von 2025 km Haupt- und 2381 km Bezirkstraßen sowie ein Eisenbahnnetz von 1479 km Länge. Industrialisierung,

Abbau von Bodenschätzen sowie die Alphabetisierung wurden in den 40 Jahren habsburgischer Herrschaft in diesem Gebiet stärker vorangetrieben als jemals zuvor. Insbesondere in den Städten blühte das kulturelle Leben auf, und ein gewisser Wohlstand machte sich breit.

Durch die Schwäche des Osmanischen Reiches war auf dem Balkan ein Machtvakuum entstanden. Eine Schlüsselposition zwischen den dortigen Hauptkontrahenten Russland und Österreich-Ungarn nahm Serbien ein. Dieses junge Königreich war verstärkt österreichischem und russischem Werben ausgesetzt und verstand dies auch auszunützen. Wirtschaftlich war Serbien vor allem vom Export landwirtschaftlicher Güter nach Österreich-Ungarn abhängig. Als nach dem Mord am serbischen König Aleksandar Obrenović im Jahr 1903 mit König Petar Karadjordjević die antiösterreichischen Radikalen unter der Führung von Nikola Pašić die Regierung übernahmen, verstärkte sich nicht zuletzt durch die Förderung südslawischer Vereine in Bosnien-Herzegowina der Druck auf die Doppelmonarchie. Die Idee, Serben, Kroaten und Slowenen in einem (serbisch dominierten) Staat zu vereinen, richtete sich eindeutig gegen Österreich; Slowenen, Kroaten und Serben stellten in der K.u.k.-Monarchie einen nicht zu unterschätzenden Bevölkerungsanteil. Im Jahr 1906 kühlte sich das Verhältnis zwischen Serbien und der Doppelmonarchie noch zusätzlich durch einen oft auf den Begriff »Schweinekrise« verkürzten Handelskrieg ab, durch den – auf Druck ungarischer Landwirte – unter anderem der serbische Schweine-Export nach Österreich-Ungarn durch hohe Zölle verhindert wurde.

Am 24. Juli 1908 erzwangen Offiziere in der »jungtürkischen Revolution« die Wiedereinführung der Verfassung von 1876 im Osmanischen Reich. In der Folge sollten dort Parlamentswahlen stattfinden – auch in den nach wie vor formell zum Osmanischen Reich gehörenden Provinzen Bosnien und Herzegowina. Österreich-Ungarn reagierte am 7. Oktober 1908 mit der offiziellen Annexion Bosnien-Herzegowinas. Am selben Tag proklamierte Bulgarien seine Unabhängigkeit. Dies waren eindeutige Verstöße gegen den Berliner Vertrag von 1878. Die folgende Krise, die Europa an den Rande eines Krieges führte, konnte durch die Intervention des Deutschen Reiches eingedämmt

Erster Weltkrieg

Für den Ausbruch des Ersten Weltkrieges spielen Bosnien und insbesondere die Stadt Sarajevo eine wichtige Rolle. Als am 28. Juni 1914 der österreichische Thronfolger Franz Ferdinand Bosnien besuchte, um einem Manöver beizuwohnen, wurde er im Stadtzentrum mitsamt seiner Frau Sophie von dem jungen bosnisch-serbischen Terroristen Gavrilo Princip erschossen. Bald kamen Verbindungen zum großserbisch eingestellten serbischen Geheimdienstchef Dragutin Dimitrijević ans Licht, der mit Hilfe des Anschlags den gemäßigten serbischen Ministerpräsidenten Nikola Pašić unter Druck setzen wollte. Die folgende Krise im Juli 1914 und das österreichische Ultimatum an Serbien, die Untersuchung des Mordes durch österreichische Behörden auf serbischem Territorium zuzulassen, eskalierten unter den Bedingungen des komplizierten europäischen Bündnissystems zum Ersten Weltkrieg. Truppen Österreich-Ungarns marschierten in Serbien ein. In Bosnien-Herzegowina, seit 1878 Teil der Doppelmonarchie, kam es infolge der Angst der österreichischen Verwaltung vor Unruhen im Hinterland zur Unterdrückung der serbischen Bevölkerung. Auf der Suche nach echten oder eingebildeten »Spionen« vollstreckten die österreichischen Behörden zahlreiche Todesurteile .

akg-images

Festnahmen nach dem Attentat vom 28. Juni 1914 in Sarajevo

werden. Österreich-Ungarn erkaufte die Zustimmung zur Annexion Bosniens und der Herzegowina durch die Zahlung von 2,5 Millionen türkischen Pfund an Istanbul. Nachdem sich das Deutsche Reich an die Seite der Habsburgermonarchie gestellt hatte, lenkte das kriegsbereite Russland ein. Serbien, ebenfalls kriegsbereit, wurde am 19. März 1909 von Wien ultimativ dazu aufgefordert, die Annexion anzuerkennen sowie zu erklären, dass Belgrad sein Verhältnis gegenüber Österreich-Ungarn zu verbessern trachte. Als sich Großbritannien, Frankreich und Italien angesichts des geschlossenen Auftretens Deutschlands und Österreichs zu einer Abänderung des Berliner Vertrages bereit zeigten, fügte sich auch Serbien und unterzeichnete am 31. März die geforderte Erklärung.

Während der Annexion Bosnien-Herzegowinas hatte sich die serbische Agitation nochmals gesteigert. Bosnien-Herzegowina wurde in einer Broschüre von 1908 als »serbische Kernlandschaft« und »Herz des serbischen Volkes« bezeichnet. Die Auslieferung dieses Kernlandes an Österreich-Ungarn bedeute – so wurde argumentiert – »einen teuflischen Zustand, der weder dem Eroberer noch den Ländern, deren Rechte geopfert wurden, Ruhe verschafft. Denn gegen den Eroberer werden alle regen Kräfte eines Volkes in permanenter Revolution bleiben«. In Österreich-Ungarn wurden zeitgleich serbische Schulen geschlossen, die kirchliche Autonomie der serbischen Orthodoxie aufgehoben sowie der Gebrauch der kyrillischen Schrift unterdrückt.

Im Oktober 1908 gründeten radikale Nationalisten in Belgrad den Verband »Nationale Verteidigung« (serb. Narodna odbrana), der sich die Stärkung des serbischen Nationalbewusstseins zur Aufgabe machte. Ihm stand der auch unter dem Namen »Schwarze Hand« (serb. Crna ruka) bekannte politische Geheimbund »Vereinigung oder Tod« (serb. Ujedinjenje ili smrt) nahe. Dieser hatte sich die »Vereinigung des Serbentums durch revolutionären Kampf« in allen »serbischen Provinzen«, allen voran Bosnien-Herzegowina, zum Ziel gesetzt.

Die nationalrevolutionäre jugoslawisch orientierte Schülerbewegung »Junges Bosnien« (serb. Mlada Bosna) unterhielt enge Kontakte zu »Vereinigung oder Tod«. Vor allem mit bosnischen Serben, aber auch Kroaten und bosnischen Muslimen als Anhängern bildete sie – den volkstümlichen und anarchistischen

Gedanken des Herzegowiners Vladimir Gaćinović folgend – eine terroristische Gruppe. Weltbekannt wurde die »Schwarze Hand«, als am 28. Juni 1914 Gavrilo Princip in Sarajevo den österreichischen Thronfolger Franz Ferdinand mitsamt seiner Frau Sophie ermordete. Dieses gemeinhin als Auslöser des Ersten Weltkrieges bekannte Ereignis sowie der Krieg selbst führten in Bosnien-Herzegowina zu einer weiteren Radikalisierung der Nationalitätenfrage. Zusätzlich wurde diese durch die Gegner Österreich-Ungarns propagandistisch aufgeheizt. Russland, Frankreich und Großbritannien unterstützten und förderten im Ersten Weltkrieg die »jugoslawischen Ideen« mit dem Ziel, das Vielvölkerreich Österreich-Ungarn politisch zu zerschlagen.

Die bosnischen Serben galten im Krieg gegen das Königreich Serbien als politisch unzuverlässig. So wurden beispielsweise im spektakulären Hochverratsprozess (3. November 1915 bis 14. März 1916) von Banja Luka 151 meist serbische Personen angeklagt, von denen 16 zum Tode verurteilt wurden. Im Prozess gingen die österreichischen Richter von einem weitverzweigten aktiven Spionagenetz der »Nationalen Verteidigung« aus, wobei pauschal alle Vereine und Organisationen der Serben in Bosnien-Herzegowina als Teile der »Nationalen Verteidigung« und somit auch der – vermutlich hinter dem Attentat auf den Thronfolger stehenden – »Vereinigung oder Tod« zugerechnet wurden.

In einer Note Frankreichs, Großbritanniens, Russlands und Italiens wurde Anfang 1917 die »Befreiung der Südslawen« als Kriegsziel der Ententemächte formuliert. Am Vorabend des Zerfalls der Doppelmonarchie, Anfang Oktober 1918, gründeten politische Vertreter aus Kroatien, Dalmatien, Istrien, Bosnien-Herzegowina und Slowenien den Nationalrat der Südslawen. Im Oktober 1918 brach das habsburgische Vielvölkerreich aufgrund der Folgen des Krieges, sowie der nationalen und sozialen Revolutionen zusammen. Die vierzigjährige Herrschaft über Bosnien-Herzegowina endete, als sich die Südslawen Österreich-Ungarns am 29. Oktober 1918 in Agram (Zagreb) mit den Serben verbanden.

Agilolf Keßelring

Literaturempfehlungen:

Horst Haselsteiner, Orientkrise und Südslavische Frage, Wien, Köln, Weimar 1996 (= Buchreihe des Institutes für den Donauraum und Mitteleuropa, 3)

Robert A. Kann, Das Nationalitätenproblem der Habsburgermonarchie. Geschichte und Ideengehalt der nationalen Bestrebungen vom Vormärz bis zur Auflösung des Reiches 1918, Graz, Köln 1964

Manfried Rauchensteiner, Der Tod des Doppeladlers. Österreich-Ungarn und der Erste Weltkrieg, Graz 1994

Bundesarchiv/Mielke/Bild 146-1973-113-31

Im Jahr 1943 ließ der Reichsführer SS Heinrich Himmler die 13. Waffen-Gebirgs-Division der SS »Handschar« (kroatische Nr. 1) aufstellen, die aus »Bosniaken mohammedanischer Religion« bestand. Das deutsche Propagandafoto zeigt Angehörige dieser Division beim Lesen der nationalsozialistischen Hetzschrift »Islam und Judentum«.

Deutsche und Italiener als Besatzungsmacht 1941–1945

Nicht selten trifft man auf die Vorstellung, dass die Deutschen von den Kroaten als Befreier wahrgenommen worden seien, während sie für die Serben die Unterdrücker dargestellt hätten. Letztlich waren die Deutschen in Wirklichkeit nirgends Befreier, und beim faschistischen Italien verhält es sich nicht viel anders.

Im Vielvölkergebiet Bosnien-Herzegowina war in der Tat während des Zweiten Weltkrieges die jeweilige ethnische Zugehörigkeit mitbestimmend für die Erfahrungen mit den Besatzern. Das gilt entsprechend für die kollektiven oder von der eigenen Familiengeschichte her rührenden Erinnerungen an jene Zeit. Mit solchen unterschiedlichen Erinnerungen kann man in Bosnien-Herzegowina noch heute konfrontiert werden.

Die Kriegsentwicklung im Überblick

Der von Italien, Ungarn und Bulgarien militärisch unterstützte deutsche Angriff begann am 6. April mit einem schweren Bombardement von Belgrad. Er verlief zunächst ganz nach dem Muster der vorherigen »Blitzkriege«: Nach vielerorts nur schwachem Widerstand musste die jugoslawische Armee schon am 17. April kapitulieren. Unmittelbar darauf begann die Wehrmacht eine umfassende Rückführung von Truppen aus dem Balkan, die für den anstehenden Angriff auf die Sowjetunion benötigt wurden. Im deutsch beherrschten Teil des neu errichteten Großkroatien blieb vorerst nur eine deutsche Division zurück. Der Krieg schien dort zu Ende zu sein.

In Wirklichkeit war damit für die Region der Zweite Weltkrieg keineswegs vorüber. Dies gilt ganz besonders für Bosnien-Herzegowina, das zum am meisten umkämpften Landesteil werden sollte. Die deutschen Kampfverbände räumten einige Städte erst gegen Kriegsende, zum Beispiel Mostar im Februar und Sarajevo am 6. April 1945. Örtlichen Widerstand hat es dort aber bereits ab Mai/Juni 1941 gegeben: zunächst seitens der serbischen bäuerlichen Bevölkerung, die sich gegen die Verfolgung durch die kroatischen Ustasche (siehe den Beitrag »Krieg und Bürgerkrieg 1941–1945«), aber auch schon gegen die Besatzungsmächte wehrte. Ab Juli/August 1941 waren dann immer wieder Teile des Landes Kampfgebiet oder gerieten unter die Verwaltung kommunistisch geführter Partisanen. Nur wenige Verkehrsachsen wurden fast die ganze Zeit von deutschen und italienischen bzw. seit der italienischen Kapitulation im September 1943 von deutschen Einheiten gehalten, so die Straßen- und Eisenbahnlinie Mostar–Sarajevo–Doboj.

Von Ende 1941 bis Kriegsende lag das Schwergewicht der von den Partisanen kontrollierten jugoslawischen Gebiete in Bosnien-Herzegowina. Nicht von ungefähr fanden die Gründungssitzung und die wichtige zweite Versammlung des als Dachorganisation angelegten »Antifaschistischen Rates der Volksbefreiung Jugoslawiens« (Antifašističko vijeće Narodne oslobodjenja Jugoslavije, AVNOJ) in zwei bosnischen Städten statt: in Bihać (26./27. November 1942) und in Jajce (29./30. November 1943). Angesichts der militärischen Lage wurden manche Gebiete vor allem im westlichen Bosnien, die bis 1943 im italienischen Besatzungsgebiet lagen, auch nach dem Ausscheiden Italiens als Verbündeter Deutschlands nur sporadisch oder gar nicht von deutschen Einheiten kontrolliert. Andererseits wurde nicht von ungefähr in den Nürnberger Kriegsverbrecherprozessen im Verfahren gegen die »Südostgeneräle« der Deutschen Wehrmacht festgehalten, dass im juristischen Sinne trotz der örtlich errichteten Verwaltungsstrukturen der Partisanen ganz Jugoslawien als von den Achsenmächten »besetzt« anzusehen sei. Bis zum Rückzug vom Balkan ab Herbst 1944 hätten die »Deutschen zu jeder gewünschten Zeit die physische Beherrschung jedes Teiles des Landes antreten« können. Es gilt in der Tat auch für Bosnien-Herzegowina, dass die örtliche Bevölkerung sich bis zum deutschen Rückzug nie sicher sein konnte, nicht doch Opfer von deutschen Militäraktionen zu werden.

Die Kriegssituation insgesamt lässt sich nicht auf das Verhältnis von Besatzungsmacht und Bevölkerung reduzieren. So stellte bereits eine deutsche zeitgenössische Analyse fest, dass innerhalb des einen Krieges noch eine Unzahl von anderen Kriegen gleichzeitig stattfinde. Tatsächlich gab es außer dem Kampf von Partisanen und mitunter auch serbischen Tschetniks gegen die Besatzungstruppen den Kampf der beiden ersteren untereinander sowie seitens der Tschetniks gegen die kroatische und bosniakische Bevölkerung. Die Politik des »Unabhängigen Staates Kroatien« (USK, kroat.: Nezavisna Država Hrvatska, NDH) sah einen Genozid an der serbischen Bevölkerung vor; im Weiteren kollaborierten auf taktischer Ebene die Tschetniks vor allem mit den italienischen, aber auch mit deutschen Truppen gegen die Partisanen. Neben dem Guerilla-Krieg gegen die Besatzungsmächte gab es also noch einen Bürgerkrieg.

Deutsch-italienische Interessenabgrenzung in Bosnien und der Herzegowina

Schon am 10. April 1941, kurz vor dem Einmarsch der deutschen Truppen in Zagreb, war dort der besagte »Unabhängige Staat Kroatien« unter dem Regime der Ustascha ausgerufen worden. Seine von Deutschland und Italien festgelegten Grenzen stellten in zwei Punkten ultranationale kroatische Ansprüche zufrieden: Ostsyrmien (bis unmittelbar vor die Tore Belgrads) und das ganze Gebiet von Bosnien-Herzegowina wurden dem Ustascha-Staat zugeschlagen. Hinsichtlich Bosnien-Herzegowina hatte Italien in den entscheidenden Tagen des April 1941 das letzte Wort. Das Mussolini-Regime versprach sich von dieser Zuteilung eine beruhigende Wirkung auf die Kroaten, da Unzufriedenheit darüber befürchtet wurde, dass Italien selbst weite Teile der östlichen Adriaküste annektierte, darunter vor allem die dalmatische Küstenregion inklusive der Stadt Split. Das westliche bosnische und herzegowinische Gebiet lag in unmittelbarer Nähe zu diesen »neuitalienischen« Territorien. Darüber hinaus sollte aus der Sicht Roms der USK ein italienischer Satellitenstaat sein. Dieses Ziel wurde formal auch von Berlin gebilligt. Für das starke italienische Interesse gab es mehrere Gründe. Zum Beispiel hatte die extremistische und terroristische Ustascha-Bewegung unter ihrem Führer Ante Pavelić über ein Jahrzehnt lang im italienischen Exil überdauert.

Außerdem beanspruchte Italien innerhalb der »Achse« den Mittelmeerraum als Einflussgebiet und erhielt dafür zumindest

Achsenmächte

Der Begriff einer deutsch-italienischen »Achse« wurde Ende 1936 vom italienischen Diktator Benito Mussolini geprägt. Ein formeller deutsch-italienischer Bündnisvertrag, der sog. »Stahlpakt«, kam allerdings erst im Mai 1939 zustande. Als Achsenmächte werden darüber hinaus die Verbündeten Deutschlands im Zweiten Weltkrieg bezeichnet, zunächst Italien und Japan als Unterzeichner des »Dreimächtepaktes« vom 27. September 1940. Der Allianz schlossen sich im November 1940 Ungarn, Rumänien und die Slowakei an. Anfang März 1941 folgte Bulgarien. Der Beitritt Jugoslawiens am 25. März 1941 und der Rücktritt einer neuen Belgrader Putschregierung von der Unterschrift zwei Tage später lösten den deutschen Angriff auf Jugoslawien aus. Der neu errichtete »Unabhängige Staat Kroatien« wurde am 15. Juni 1941 in das Bündnis aufgenommen.

grundsätzlich die Zustimmung Hitlers. Aber auch in historischer Perspektive war die Region entlang der östlichen Adria für expansive italienische Konzeptionen bedeutsamer als für deutsche. Deutschnationale Politiker in der österreichisch-ungarischen Monarchie hätten zum Beispiel am liebsten Dalmatien aus der österreichischen Reichshälfte ausgegliedert und Bosnien und die Herzegowina Ungarn zugeschlagen, um so das slawische Element in der eigenen Reichshälfte zu schwächen. Demgegenüber war Dalmatien seit der zweiten Hälfte des 19. Jahrhunderts zu einem der »irredentistischen« Ziele des italienischen Nationalismus geworden.

Der neue USK wurde nun als Königreich unter einem italienischen Herzog eingerichtet, der allerdings trotz der formalen Annahme der Krone nie irgendwelche entsprechenden Funktionen ausgeübt hat. An der Spitze des Staates stand faktisch der »Poglavnik« Ante Pavelić. Aber auch das nationalsozialistische Deutschland, das weniger stark am USK interessiert war als das faschistische Italien, war von Beginn an militärisch wie politisch stark in der Region präsent. Die deutschen Ziele im jugoslawischen Raum lagen in der Ausbeutung des Wirtschaftspotentials für die deutschen Kriegserfordernisse, in der Kontrolle der Verkehrslinie Zagreb–Belgrad und in der Eindämmung der Expansion des italienischen Bündnispartners. Das Ergebnis war die Errichtung eines deutschen und eines italienischen Besatzungsgebiets, dessen Trennlinie mitten durch den USK von Nordwesten nach Südosten verlief. Etwas mehr als die Hälfte der bosnisch-herzegowinischen Gebiete (mit Sarajevo und Banja Luka) lag im Bereich der deutschen Besatzungsmacht. Dort waren neben deutschen Streitkräften die diversen neu aufgestellten kroatischen Verbände stationiert. Innerhalb des italienischen Machtbereichs dagegen wurde weiter zwischen einem westlicheren Bereich (häufig Zone II genannt, gegenüber Zone I, dem annektierten Gebiet entlang der Küste) und einer weiteren Zone (Zone III) unterschieden. In Zone II lag die militärische Hoheit allein bei Italien, nur zivile kroatische Einrichtungen waren dort gestattet (siehe hierzu die Karte auf S. 97).

Verantwortlichkeiten der Besatzungsorgane und des »USK«

Angesichts dieser Verhältnisse war die vermeintliche Souveränität des USK von vornherein sehr eingeschränkt, und mit zunehmender Intensität des Guerilla-Krieges wurde die Rücksichtnahme auf die Organe des großkroatischen Staates seitens der italienischen und deutschen Truppen immer geringer. Eine Übereinkunft zwischen dem so genannten Deutschen Bevollmächtigten General Glaise von Horstenau und Ante Pavelić vom 24. April 1943 zeigt dies auf besondere Weise. Die »Übereinkunft« bestimmte die Einrichtung einer aus »reichsdeutschen, kroatischen und volksdeutschen Kräften« (vgl. Kasten »Volksdeutsche«) aufgestellten deutschen Polizeiorganisation unter dem Kommando des Beauftragten des Reichsführers SS für Kroatien. Weiter hieß es dort: »In den dem Beauftragten gestellten Aufgaben, insbesondere zur Wiederherstellung und Aufrechterhaltung der öffentlichen Ordnung und Sicherheit, ist die kroatische Polizei und Gendarmerie zur engsten Zusammenarbeit mit dem Beauftragten verpflichtet. Im Kampfeinsatz gegen alle Kräfte der Unruhe und des Widerstandes werden die Organe der kroatischen Gendarmerie dem Beauftragten unterstellt. Die Wiederherstellung und Aufrechterhaltung der öffentlichen Ordnung und Sicherheit geht allen übrigen polizeilichen Aufgaben voraus. Auch alle anderen Behörden, Ämter und öffentlichen Organe sind auf Verlangen des Beauftragten oder seiner Organe zur Mitwirkung und Auskunftserteilung verpflichtet.«

Andererseits gab es vor allem anfangs Spielräume für eigenständiges Handeln der Ustascha-Organe. In unserem Zusammenhang ist dabei vor allem die im Beitrag »Krieg und Bürgerkrieg 1941–1945« dargestellte Genozid-Politik gegenüber der großen serbischen Bevölkerungsgruppe zu nennen, ebenso deren mobilisierende Wirkung für serbisch-nationalen (Tschetniks) wie auch Partisanen-Widerstand. Der systematische Terror gegen die serbische Bevölkerung fand bei Hitler ausdrückliche Zustimmung. Allerdings erkannten manche deutsche Offiziere vor Ort, dass ein solches Vorgehen letztlich die Besatzungsherrschaft gefährdete, da die Aktionen der Ustascha dazu führten, dass sich immer mehr Menschen in ihrer Not den Widerstandsgruppen anschlossen. Jedoch schritt man deutscherseits trotz dieser militärischen Überlegung nicht gegen die Verfolgungs- und Vernichtungspolitik des Ustascha-Regimes ein. Etwas anders sah die Besatzungspolitik der Italiener aus. Denn in ihrem Besatzungsgebiet gab es nicht selten aus machtpolitischen Motiven heraus eine Kooperation mit Tschetnik-Verbänden gegen die Ustascha.

De facto erfolgten im deutschen Machtbereich des USK und damit in Bosnien-Herzegowina zwei Genozide, nämlich an Juden und Roma, in deutsch-kroatischer Zusammenarbeit und gleichsam im deutschen Auftrag. Ein dritter, der an den Serben, vollzog sich unter deutscher Duldung und zumindest teilweise unterstützt von den deutschen Behörden. Das Konzentrationslager Jasenovac (Kroatien) ist als schreckliches Symbol für diese Vernichtung im kollektiven Bewusstsein verhaftet.

Nationalpolitische Aspekte der Besatzungserfahrung

Wie mehrfach angedeutet, hatten die Auswirkungen der Besatzung auf die Bevölkerung und deren Wahrnehmung der Besatzer zunächst eine nationalpolitische Färbung. Die Serben hatten keinerlei Grund, sich durch den Untergang des serbisch dominierten Jugoslawien in irgendeiner Weise »befreit« zu fühlen. Unter dem Eindruck ihrer Verfolgung durch die letztlich von Italien und Deutschland errichtete und gestützte Herrschaft der Ustascha war dies erst recht nicht der Fall. Allerdings konnten italienische und ab 1943 mitunter auch deutsche Truppen zum Gegenstand serbischer Hoffnungen werden, wenn sie direkt oder indirekt Schutz gegen die systematische Verfolgung in Bosnien-Herzegowina boten. Damit und mit der grundlegenden Konkurrenz zwischen Tschetniks und Partisanen lässt sich auch das im Laufe der Zeit immer häufigere Zusammenwirken von Tschetniks und Besatzern im Kampf gegen die Partisanen erklären.

Bei den Muslimen (Bosniaken) ist das Bild noch komplizierter. Sie hatten im Zwischenkriegsjugoslawien keine Freiheit besessen, sich im nationalen Sinne zu konstituieren, aber politisch durchaus als eigenständige Gruppe agiert und sich nur in sehr geringem Ausmaß für eine der staatlich vorgegebenen Identitäten – serbisch oder kroatisch bzw. später jugoslawisch – gewinnen lassen. Zu Beginn der Ustascha-Herrschaft konnten relativ viele Muslime für eine Teilhabe an den Einrichtungen und Ämtern des USK gewonnen werden. Bald folgte die Ernüchterung; die vielerorts prekäre Lage ließ dann allerdings bei nicht wenigen Muslimen eine positive Erwartungshaltung gegenüber Deutschland aufkommen. Sie hofften, die deutsche Politik werde die Herauslösung Bosnien-Herzegowinas aus dem USK oder zumindest eine möglichst weitgehende bosnisch-herzegowinische Autonomie herbeiführen. Dies war auf muslimischer Seite der Hintergrund für die anfänglich recht reibungslose Rekrutierung für die 1943 aufgestellte 13. Waffen-Gebirgs-Division der SS »Handschar«. Die pro-deutsche Ausrichtung erlitt allerdings durch das Ausbleiben der erhofften politischen Resultate und im

Zuge der Ausweitung des Partisanenkrieges schon bald Dämpfer, und auch die muslimisch-bosniakische Bevölkerung hatte zunehmend Anteil an der Partisanenbewegung.

Von der kroatischen Bevölkerung schließlich war im Zwischenkriegsjugoslawien trotz der 1939 gemachten Belgrader Zugeständnisse zweifellos die direkteste Opposition gegen die serbische Vorherrschaft ausgegangen. Daher stieß die Gründung des USK zunächst auf breite Unterstützung, und dies ganz besonders unter den bosnisch-herzegowinischen Kroaten, die zu einem erheblichen Teil ein Beispiel für das im 20. Jahrundert europaweit feststellbare Phänomen des »Grenzlandnationalismus« (teilweise bis heute) abgaben. Der Rückhalt für das Terrorregime der Ustascha ist im Weiteren auch bei ihnen deutlich zurückgegangen, aber wohl nicht so stark wie bei der kroatischen Gesamtbevölkerung. Trotzdem führten die zunehmend verbreitete Unzufriedenheit mit der politischen und allgemeinen Lage sowie die Folgen der noch zu schildernden deutschen Repressionspolitik dazu, dass auch viele bosnisch-herzegowinische Kroaten zu den Partisanen überliefen.

Der Vielfalt einheimischer Akteure stand die komplexe Struktur des deutschen Besatzungsapparates gegenüber. Das deutsche politische und militärische Vorgehen im Land wurde von einer Vielzahl teils konkurrierender institutioneller Akteure bestimmt, einer »Polykratie«, die generell für das nationalsozialistische Regime kennzeichnend war. Vereinfacht gesagt, setzte das Auswärtige Amt am meisten auf die Ustascha-Führung und die Einbeziehung Bosnien-Herzegowinas in den USK; Wehrmachtvertreter dagegen befürworteten (ohne politische Folgen) eine Stärkung der serbischen Position bis hin zur Befürwortung einer serbischen Ordnungsmacht für die gesamte Region. Die Politik der einflussreichen SS schließlich war auf eine möglichst direkte deutsche Herrschaft und eine Sonderrolle der Muslime in einem letztlich gesondert von Kroatien zu behandelnden Bosnien-Herzegowina ausgerichtet. Diese unterschiedlichen Konzeptionen und die daraus folgenden Handlungen sind der eine Grund dafür, dass die verbreitete Auffassung, die Deutschen seien im Zweiten Weltkrieg ausschließlich Verbündete der Kroaten und eventuell der Muslime und nur Feinde der Serben gewesen, die Wirklichkeit vor Ort nur unzureichend abbildet. Der zweite und wichtigere Grund liegt in der brutalen Bekämpfung der Partisanen durch die Deutschen, die mit der Zeit kaum noch zwischen den drei Bevölkerungsgruppen differenzierten.

Die deutschen Besatzer konnten für bosnisch-herzegowinische Kroaten und Muslime ebenso Verbündete wie auch Feinde und Unterdrücker sein. »Befreier« ist ein Bild, das sich auch in den kroatischen und bosniakischen Erfahrungen sehr bald verflüchtigt hat. Wird das Bild heute noch zum Beispiel gegenüber deutschen Soldaten aktiviert, ist das am ehesten als ein Akt persönlicher Freundlichkeit oder aber als Ausdruck politischer Verblendung etwa bei extremen Nationalisten und Ustascha-Nostalgikern anzusehen. Aus der Perspektive der bosnisch-herzegowinischen Serben waren die deutschen Besatzer (im Unterschied zu den Italienern bis 1943) wohl fast immer Unterdrücker und nur situationsweise auch Hoffnungsträger oder gar potenzielle Verbündete gegen noch unmittelbarere andere Bedrohungen. Für die kleineren Gruppen der Juden und Roma schließlich waren sie immer eine lebensbedrohliche Gefahr.

Kriegführung und deutsche Kriegsverbrechen

Die deutschen Verbände hatten in Bosnien-Herzegowina mit den Partisanen und den Tschetniks zwei unterschiedliche Widerstandsbewegungen vor sich, die wie in allen übrigen Fragen auch hinsichtlich der Kriegführung gegen die Besatzer entgegengesetzte Konzeptionen verfolgten. Die Tschetniks waren fast immer nur auf serbische nationale Interessen bedacht. Kämpfen gegen die Besatzer wichen sie dagegen weitestgehend aus und suchten Wege für eine Koexistenz (vgl. den Beitrag »Krieg und Bürgerkrieg 1941–1945«). Der Grund lag einerseits in der Strategie, bis zum erhofften Sieg der Westmächte die eigenen Kräfte zu schonen und für den folgenden Machtkampf mit den Partisanen bestmöglich gerüstet zu bleiben. Andererseits waren die Tschetniks bestrebt, keinen Anlass für Repressalien der Besatzer gegen die serbische Bevölkerung zu bieten. Solche Überlegungen gab es auf Seiten der Partisanen kaum. Für sie als klassische Guerilla-Formation zählte das indirekte Verursachen von Besatzerterror gegen die Bevölkerung durchaus zum strategischen Konzept aktiver Kriegführung und zur Mobilisierung der Bevölkerung für die Sache der Partisanen. Zwar galten phasenweise die Tschetniks als Hauptgegner, aber die militärische Stoßrichtung zielte immer mindestens auch gegen die Truppen beider Besatzungsmächte.

Deutsche Lageberichte und Zeugenaussagen nach dem Krieg belegen, dass sich die örtlichen Truppenteile von der Situation des im Guerilla-Kampf in die Zivilbevölkerung eintauchenden und damit schwer fassbaren Feindes ebenso häufig überfordert sahen wie von der Komplexität der beschriebenen Situation insgesamt. Für viele örtliche Entscheidungen galt die Sicherung des Überlebens der eigenen Truppe als einzig ausschlaggebend. Antislawisch und rassistisch begründete Völkermordabsicht spielte gegenüber den drei Hauptgruppen der Bevölkerung eine geringere Rolle als im Krieg gegen die Sowjetunion. Dennoch lag dem zunehmend die ganze Bevölkerung betreffenden Besatzerterror auch in Bosnien-Herzegowina und insgesamt im jugoslawischen Raum ein System zugrunde. So wurde der in deutschen Dokumenten beschriebene »Balkanmensch« dadurch entmenschlicht, dass man ihm eine besondere Tendenz zu Grausamkeit und Bestialität im Kriege ebenso anheftete wie eine Haltung, der ein einzelnes Menschenleben nichts gelte. Zur Entlastung des eigenen Gewissens gegenüber Untaten der Besatzer war das zweifellos dienlich. Während deutsche Soldaten einerseits die Strategie und Praxis der Partisanen verurteilten, in der Regel keine Gefangenen zu machen, praktizierten sie selbst andererseits bis Mitte 1944 meist die Erschießung von »gefangenen Banditen« als befehlskonform, ohne das eigene Verhalten zu hinterfragen. Man sah sich hier deutscherseits durch das damals gültige Kriegsvölkerrecht gedeckt, welches tatsächlich gegenüber irregulären Kampfverbänden brutalste Maßnahmen rechtfertigen half.

Eindeutig völkerrechtswidrig und als Terrormaßnahmen einzustufen sind hingegen die so genannten Sühnemaßnahmen, die zunächst in einem für Serben erlassenen Befehl die Ermordung von 100 Geiseln für einen deutschen Gefallenen und 50 für einen deutschen Verwundeten vorsahen, ab September 1943 50 und 25 – dies ausdrücklich auch im Bereich des USK. Zum Vergleich kann die italienische Praxis dienen. Erst zur Jahreswende 1942/43 gestatteten einzelne Kommandeure die Erschießung ge-

BA-MA, RS 3-13/2, 86/11/8

Plakatwand mit Werbung für die kroatischen SS-Verbände in der Herzegowina. Plakattext: »Der große Führer Adolf Hitler und der Poglavnik [kroat. Führer] Dr. Ante Pavelić rufen euch zur Verteidigung eurer Heimstätten«. Das Plakat macht die Abhängigkeit des »Unabhängigen Staates Kroatien« vom Deutschen Reich deutlich. Neben der kroatischen Armee gab es auch in der Wehrmacht kroatische Verbände (deutsch-kroatische Legions-Divisionen, Nummern 369, 373, 392).

fangener Partisanen. Eine Anordnung Mussolinis zur »Sühne« durch Geiselerschießung im November 1941 kam nur örtlich zur Anwendung. Erwähnung verdient auch die in Mussolinis Anweisung genannte Quote: 20 »Sühnetötungen« für einen getöteten, zwei für einen verletzten Italiener.

Verhältnismäßig rasch wurden die Auswirkungen von »Sühnemaßnahmen« deutlich. Die willkürliche Auswahl von Opfern, die oft in keinerlei Beziehung zum Anlass der »Sühnemaßnahme« standen, und die horrende »Quote« trieben dem Widerstand immer neue Anhänger zu. Dennoch wurde 1943 nicht das Verfahren grundsätzlich geändert, sondern lediglich die Quote auf 50 bzw. 25 zu eins gesenkt. Durch die Verhängung der »Sühne« auch über muslimische oder kroatische Geiseln sank in der Folge die Bereitschaft von deren Angehörigen und Bekannten, weiter an der Seite der Deutschen zu kämpfen. Dies galt für die muslimischen Verbände ebenso wie für die kroatische Armee (Heimwehr) und für weite Teile der Ustascha-Verbände, bald auch für die bosniakischen Angehörigen der Waffen-SS: Die erst 1943 aufgestellte Division »Handschar« befand sich durch Desertion bereits im Oktober 1944 in Auflösung.

Was die Zuordnung deutscher Besatzungsverbrechen auf Wehrmacht, SS, SD, Polizei und Sonderverbände betrifft, so ist einigermaßen gesichert, dass die Entgrenzung der Gewalt gegen die Bevölkerung durch die Präsenz von Waffen-SS und Kosakenverbänden auf dem bosnischen Kriegsschauplatz ab 1943 zugenommen hat. Die bis 1943 mehr an »Regeln« gebundene Gewalt der Wehrmachtverbände war aber wie dargelegt vielfach nicht minder völkerrechtswidrig, und diese Regeln schlossen überdies die Tötung von Frauen und Kindern ausdrücklich mit ein. Zeitzeugen erinnern sich an die deutsche Wehrmacht als – im Vergleich zu anderen Verbänden – weniger bedrohlich. Dies ist so zu verstehen, dass das Verhalten der Wehrmachtangehörigen außer im Umfeld von »Sühnemaßnahmen« besser berechenbar war. Als »Sühnemaßnahme« deklarierte man im übrigen auch die zahlreichen Verschleppungen zur Zwangsarbeit ins Deutsche Reich oder in Lager in der Region. Letzteres wurde insbesondere bei einer militärischen Großoperation von deutschen und Ustascha-Verbänden im Raum Kozara nördlich von Banja Luka im Sommer 1942 praktiziert. Hier waren am Ende ca. 43 000 Menschen umgekommen, davon geschätzte knapp 10 000 Kombattanten und mehr als 33 000 Zivilisten, von denen etwa 25 000 nach ihrer Verschleppung in Lagern starben. Insgesamt hatte die Bevölkerung von Bosnien-Herzegowina vermutlich etwa 316 000 Kriegstote zu beklagen, davon etwa je 70 000 Partisanen und Gegner der Partisanen sowie geschätzte 174 000 zivile Opfer (davon 85 000 Lagertote). Wieviele von deutscher Hand getötet worden sind, lässt sich vielleicht nie exakt bestimmen. Die Interpretation der deutschen Herrschaft als eine Zeit der Befreiung ist angesichts des Gesamtbilds aber dennoch ganz entschieden von der Hand zu weisen.

Konrad Clewing

Literaturempfehlungen:

Das Deutsche Reich und der Zweite Weltkrieg, Bd 3: Gerhard Schreiber, Bernd Stegemann, Detlef Vogel, Der Mittelmeerraum und Südosteuropa. Von der »non belligerenza« Italiens bis zum Kriegseintritt der Vereinigten Staaten. Hrsg. vom Militärgeschichtlichen Forschungsamt, Stuttgart 1984

Klaus Olshausen, Zwischenspiel auf dem Balkan. Die deutsche Politik gegenüber Jugoslawien und Griechenland von März bis Juli 1941, Stuttgart 1973 (= Beiträge zur Militär- und Kriegsgeschichte, 14)

Klaus Schmider, Partisanenkrieg in Jugoslawien 1941–1944, Hamburg [u.a.] 2002

GECONEUFOR/Langheinrich

Josip Broz »Tito« (1892–1980), jugoslawischer Staatspräsident und Marschall, verkörperte wie kein anderer die jugoslawische Idee. Schon zu Lebzeiten stand Tito im Mittelpunkt eines ausgeprägten Personenkultes.

Bosnien-Herzegowina im ersten und zweiten jugoslawischen Staat

Das kulturell vielfältige Bosnien-Herzegowina wurde nach dem Ersten Weltkrieg zum geographischen Zentrum eines jugoslawischen Staates und zum Testfall seiner politischen Systeme, nachdem es 400 Jahre am Rand des Osmanischen Reiches und anschließend 40 Jahre an der Peripherie Österreich-Ungarns Teil dieser Imperien gewesen war. Sowohl das erste als auch das zweite Jugoslawien gingen in blutigen Kriegen nicht zuletzt auf dem Territorium Bosnien-Herzegowinas unter. Das Schicksal der Menschen im multikulturellen, bosnischen »Jugoslawien im Kleinen«, die den Zerfall des ersten monarchischen wie des zweiten sozialistischen südslawischen Staates in grausamen und opferreichen Konflikten durchleiden mussten, führt zu der Frage, ob Jugoslawien nicht in beiderlei Form eine politische Fehlkonstruktion war.

Im Rückblick kann der Zeitraum der 1960er bis Mitte der 1980er Jahre als das »goldene Zeitalter« Bosnien-Herzegowinas bezeichnet werden. Schließlich waren in dieser Zeit eine weder vorher noch nachher wieder erreichte politische Autonomie, eine kulturelle Blüte und nicht zuletzt das Anwachsen des Lebensstandards breiter Bevölkerungsgruppen zu verzeichnen. Die gut organisierten und erfolgreichen olympischen Winterspiele in Sarajevo im Jahr 1984 können als Symbol und Abschluss dieser Periode gelten.

Insgesamt bleibt aber festzuhalten, dass die Integrationsprobleme, sowohl was Bosnien-Herzegowina als auch den jugoslawischen Gesamtstaat anbelangt, während des 20. Jahrhunderts durchgehend klar zu Tage traten. Jugoslawien war nicht in der Lage, diese Spannungen aufzulösen. Das aus Landesteilen mit unterschiedlichster Sozial-, Bevölkerungs- und Konfessionsstruktur zusammengefügte Staatswesen zerbrach entlang historischer und nationaler Scheidelinien, mit schwerwiegenden Folgen auch für Bosnien-Herzegowina.

Als der Erste Weltkrieg endete, hinterließ er in Bosnien-Herzegowina zahlreiche Kriegsopfer sowie vergiftete konfessionelle und ethnische Beziehungen. Die Hoffnungen jugoslawisch gesinnter Intellektueller, die den Untergang Österreich-Ungarns herbeigesehnt hatten, waren groß. Sie erwarteten, dass ein südslawischer Staat die Lösung für die zahlreichen Probleme eines im europäischen Vergleich in vielerlei Hinsicht rückständigen Gebietes bedeuten würde. Die Erinnerung an die repressiven Maßnahmen der österreichischen Behörden zu Kriegsbeginn 1914/15 dienten insbesondere in den Augen der bosnischen Serben als Legitimation, Bosnien-Herzegowina nun in einem Staat der Serben, Kroaten und Slowenen aufgehen zu lassen.

Die serbischen Bauern etwa erwarteten endlich eine Lösung der Agrarfrage. Was Ende Oktober 1917 die südslawischen Gebiete der in Auflösung begriffenen Donaumonarchie erfasste, kann als geordneter Umsturz bezeichnet werden. Trotzdem kam es zu gewalttätigen Übergriffen gegen muslimische Grundbesitzer durch serbische Bauern. Diese versuchten die Besitzverhältnisse durch Plünderungen und gewaltsame Enteignungen zu ihren Gunsten zu verändern. Ebenso wie die nationale Frage blieb auch die Agrarfrage im ersten jugoslawischen Staat und damit auch im bäuerlichen Bosnien-Herzegowina ungelöst. Noch Ende der 1930er Jahre lebten über 70 Prozent der Bevölkerung auf dem und vom Land. Die hauptsächlich muslimischen Grundbesitzer wurden durch den Staat enteignet und entschädigt – unzureichend, wie sie meinten. Die Verteilung des Landes erfolgte insbesondere an serbische Bauern und an – ebenfalls hauptsächlich serbische – Freiwillige des Ersten Weltkriegs. Die extreme Zerstückelung der Landmasse in kleine und kleinste Betriebe führte dazu, dass diese nicht rentabel arbeiten konnten und sich häufig verschulden mussten. Das schuf neuen Unmut.

Auch auf anderen Gebieten gelang es dem ersten jugoslawischen Staat nicht, die Hoffnungen der Einwohner zu erfüllen. Es wurden kaum Straßen oder Eisenbahnverbindungen gebaut. Das öffentliche Schulsystem, in der österreichischen Zeit kontinuierlich wie auch die Infrastruktur ausgebaut, wies große Mängel auf. Noch Ende der 1930er Jahre konnten knapp zwei Drittel der Bevölkerung weder lesen noch schreiben. Insbesondere gab es in Bosnien – außer der kurz vor dem Zweiten Weltkrieg gegründeten Agronomischen Fakultät in Sarajevo – keinerlei weiterführende Bildungseinrichtungen. Nach 1918 wuchs im neugegründeten Staat für die bosnischen Muslime die Gefahr, zwischen serbisch-zentralistischen und kroatisch-föderalen Konzepten und in der Auseinandersetzung von kroatischem wie serbischem Nationalismus zerrieben zu werden. Durch den von Belgrad aufgezwungenen Zentralismus drohte Bosnien seine durch Vielfalt gekennzeichnete kulturelle und politische Identität zu verlieren.

Zunächst verlief die Übergabe der Macht in Bosnien-Herzegowina unspektakulär. Der bis dahin in der Provinz sowie in Dalmatien kommandierende österreich-ungarische Generaloberst Stephan Sarkotić Freiherr von Lovćen erkannte den »Nationalrat« ohne Proteste als neue Führung an. Dieser hatte sich Anfang Oktober 1918 in Zagreb aus Vertretern oppositioneller südslawischer Politiker in Österreich-Ungarn gebildet. Er übernahm in den südslawischen Teilen Österreich-Ungarns die politische Macht und verkündete am 29. Oktober 1918 die Vereinigung Bosnien-Herzegowinas zusammen mit den anderen südslawisch besiedelten Gebieten der K.u.k.-Monarchie zum kurzlebigen »Staat der Serben, Kroaten und Slowenen«. Die Tätigkeit der am 1. November 1918 gebildeten »Nationalregierung« war aber faktisch bereits mit der Proklamation eines Königreiches der Serben, Kroaten und Slowenen (Kraljevina Srba, Hrvata i Slovenaca, SHS) am 1. Dezember 1918 in Belgrad unter dem Zepter der serbischen Dynastie Karadjordjević schon wieder beendet.

Als am 20. Dezember die erste jugoslawische Regierung offiziell gebildet wurde, gehörten nun also auch die knapp 1,9 Millionen Einwohner Bosnien-Herzegowinas zum neu entstandenen Königreich. Die Identitäten der anderen südslawischen ethnischen Gruppen, einschließlich der bosnischen Muslime, blieben im neuen Staat unbeachtet. Dagegen wurde die Vorstellung propagiert, das Königreich sei der Nationalstaat einer so definierten »dreinamigen Nation« der Serben, Kroaten und Slowenen. Mit der Realität dieses multinationalen Gebildes hatte das wenig zu tun. Die bosnischen Muslime mit ihren eigenen gewachsenen Traditionen wurden lediglich als Religionsgemeinschaft gesehen, wobei politisch und kulturell entweder ihre Serbisierung (seitens der Serben) oder kroatischerseits die Kroatisierung erwartet wurde.

Die vom König und von serbischen Politikern durchgesetzte zentralistische Verfassung vom 28. Juni 1921 wurde bewusst am St. Veitstag (Vidovdan) verabschiedet. Der Veitstag gilt in der serbischen Mythologie als Tag, an dem das mittelalterliche serbische Königreich 1389 im Kampf gegen die Osmanen unterging. Diese eindeutig serbische Symbolik stieß insbesondere bei den Kroaten auf heftigen Widerstand. Auf Betreiben der Partei der bosnischen Muslime, der Jugoslawischen Muslimischen Organisation (JMO) unter Mehmed Spaho, wurde der Artikel 135 (so genannter türkischer Paragraph) in die zentralistische Verfassung aufgenommen. Er schrieb die territoriale Integrität Bosnien-Herzegowinas in seinen »historischen Grenzen« fest. Doch war die Autonomie Bosnien-Herzegowinas in der Zeit zwischen den Weltkriegen in Wirklichkeit äußerst begrenzt.

Nachdem im Parlament der Führer der kroatischen Bauernpartei und charismatische Volkstribun, Stjepan Radić, und vier andere kroatische Abgeordnete einem Attentat durch einen serbischen Nationalisten zum Opfer gefallen waren, kam es zur Ausrufung der so genannten Königsdiktatur am 6. Januar 1929 und der Umbenennung des Staates in »Königreich Jugoslawien«. Nun wurde die bereits seit der Staatsgründung von oben propagierte Vorstellung, dass Serben, Kroaten und Slowenen Teile einer »dreinamigen Nation« oder ein »jugoslawisches Volk« seien, noch verstärkt. Die regierenden Kreise in Belgrad versuchten »von oben« einen jugoslawischen Nationalstaat zu schaffen. Unter der Parole »Ein König, ein Volk, ein Staat!« ging König Aleksandar I. an die Reorganisation Jugoslawiens, was sich auch auf Bosnien-Herzegowina auswirkte. Die Neuaufteilung des Landes 1929 in so genannte Banschaften berücksichtigte die historischen Grenzen absichtlich nicht. Das Gebiet Bosnien-Herzegowinas, das vorher auf sechs Bezirke innerhalb historischer Grenzen aufgeteilt gewesen war (Sarajevo, Travnik, Bihać, Banja Luka, Tuzla und Mostar) wurde nun in Verwaltungsgebiete gegliedert, die nach den Flüssen Vrbas, Drina und Zeta und dem Küstengebiet (Primorska banovina) benannt waren. Bis auf die Vrbas-Banschaft, die sich ganz auf dem Territorium Bosnien-Herzegowinas befand (außer Dvor na Uni), reichten die anderen drei Banschaften, mit Sitz in Sarajevo, Cetinje und Split, in die angrenzenden Länder. Sie waren so zugeschnitten, dass die Muslime in keiner einzigen Banschaft die Mehrheit stellten.

Die Serben, die innerhalb Bosnien-Herzegowinas mit einem Bevölkerungsanteil von 44 Prozent nur über eine relative Mehrheit verfügten, erlangten die absolute Mehrheit in drei von vier Banschaften. Der Bevölkerungsanteil der Muslime ging seit der Okkupation durch Österreich-Ungarn 1878 stetig zurück und betrug im Jahr 1931 noch 31 Prozent, der der Kroaten 24 Prozent. In den 53 bosnisch-herzegowinischen Bezirken hatten die Muslime nur in elf die absolute und in zwei die relative Mehrheit (bei den Kroaten war das Verhältnis 8 : 4 und bei den Serben 23 : 5). Diese Regelung sollte der Festigung der Diktatur sowie der Vereinheitlichung des Staates im großserbischen Sinne dienen. Tatsächlich geschah aber das Gegenteil. Der serbisch-kroatische Gegensatz innerhalb des Gesamtstaates verstärkte sich nach Ausrufung der Diktatur. Bosnien-Herzegowina rückte in den Mittelpunkt serbisch-kroatischer territorialer Auseinandersetzungen.

Aleksandar I. fiel 1934 in Marseille einem Attentat zum Opfer. Sein rücksichtsloser Zentralismus ließ sich unter seinem Nachfolger, dem Prinzregenten Paul, der für den noch minderjährigen Peter amtierte, nicht mehr aufrechterhalten. Am 26. August 1939 schlossen der jugoslawische Ministerpräsident Dragiša Cvetković und der Führer der kroatischen Bauernpartei, Vladko Maček, einen Kompromiss zwischen Serben und Kroaten und schufen eine neue »Banschaft Kroatien«. Dieser wurden große Teile Bosnien-Herzegowinas angegliedert. Von dieser Maßnahme waren 13 von insgesamt 53 Bezirken Bosnien-Herzegowinas betroffen: Travnik, Fojnica, Bugojno, Stolac, Mostar, Ljubuški, Livno, Konjic, Duvno, Prozor, Brčko, Derventa und Gradačac. Dies geschah ohne jegliche Mitwirkung muslimischer Politiker, was zu heftigen Auseinandersetzungen in der Öffentlichkeit führte. Der Großteil der muslimischen Bevölkerung bekannte sich weder zum Kroaten- noch zum Serbentum und wollte seine islamische Identität bewahren. Die Banschaft Kroatien, die eine Übergangslösung bis zum endgültigen Umbau des jugoslawischen Staates darstellen sollte, ging zusammen mit diesem im Zweiten Weltkrieg unter.

Insgesamt ist wohl das historische Urteil angemessen, dass das Konzept des staatlich verordneten Jugoslawismus in einem Desaster endete. Es gelang eben nicht, »Jugoslawen zu schaffen«, nachdem man den Staat Jugoslawien errichtet hatte. In Bosnien-Herzegowina wurde das durch die Zustimmung zu den national ausgerichteten Parteien und durch die Kulturvereine deutlich. Die jeweils eigene Identität wurde ausgebaut und gepflegt im serbischen Verein »Prosvjeta« (Aufklärung), im kroatischen »Napredak« (Fortschritt) oder im muslimischen »Gajret« (Wohlfahrt). Diejenigen, die sich »von unten« für eine jugoslawische Identität einsetzten, waren in der Minderheit. Die konfessionelle Spaltung, die weit fortgeschrittene Ausbildung von Literatursprachen, unterschiedliche Staats- und Rechtssysteme und die Erinnerung an die eigenen Traditionen verhinderten die Entstehung eines »jugoslawischen Volkes« – auch innerhalb Bosnien-Herzegowinas.

Der staatlich propagierte Jugoslawismus wurde schließlich zusammen mit dem durch Nationalitätenkonflikte geschwächten jugoslawischen Staat im Zweiten Weltkrieg zerschlagen. Die Wurzeln für das Scheitern einer jugoslawistischen Lösung der »nationalen Frage« liegen in den Erfahrungen des misslungenen staatlichen Zusammenlebens und den ausbleibenden Modernisierungserfolgen sowie in der Instrumentalisierung des Jugoslawismus durch einen großserbisch geprägten Belgrader Zentralismus.

Im zweiten föderativen und sozialistischen Jugoslawien unter Führung des charismatischen Kommunisten Josip Broz genannt Tito wurde versucht, aus den Fehlern der ersten missglückten Staatsgründung zu lernen. Ausdruck dessen war der Verzicht darauf, mit Gewalt die verschiedenen Völker zu einem Volk zu erklären. Die bosnischen Muslime wurden von Anfang an als ein den anderen Nationalitäten gleichberechtigter Partner angesprochen. Doch es sollte bis 1968 dauern, bis die bosnischen Muslime von der Partei auch als eigenständige Nation anerkannt wurden. Zuvor blieben sie lediglich als »ethnische Gruppe« definiert, die sich in den verschiedenen Volkszählungen 1948, 1953 und 1961 als »Muslim unentschieden«, »Jugoslawe unentschieden« oder »Muslim im ethnischen Sinn« bezeichnete. Erst ab der Volkszählung von 1971 konnten sich die Betroffenen als »Muslim im nationalen Sinn« deklarieren.

Auf dem 8. Kongress des Bundes der Kommunisten Jugoslawiens (BdKJ) im Jahr 1964 sprach sich Tito auch offen gegen die Vorstellung aus, dass es möglich oder wünschenswert sei, ein einheitliches jugoslawisches Volk zu schaffen. Der sozialistische Staat verankerte in der Verfassung von 1974 schließlich weitest-

Bosnier, Bosniaken, Muslime

Die Ausdrücke Bosnier, Bosniake und Muslim wurden und werden oft widersprüchlich oder missverständlich gebraucht. Die österreichisch-ungarische Verwaltung etwa verwendete den Begriff »Bosniaken« für *alle* Einwohner Bosniens. Als »Bosnier« (Bosanac/Bosanka und bosanski) wird heute ein Einwohner Bosniens oder Staatsbürger Bosnien-Herzegowinas bezeichnet. Das Wort bezieht sich auf die geographische Herkunft.

»Bosniaken« (Bošnjak/Bošnjakinja) bezeichnet diejenige Ethnie (Volksgruppe), die ab 1968 als jugoslawische Nation der »bosnischen Muslime« (Musliman s velikim M) anerkannt war. Ab 1993 wird in Bosnien-Herzegowina offiziell die Bezeichnung bosniakisch (bošnjački) für Institutionen der bosnischen Muslime verwendet. Die Bezeichnung »muslimisch« (muslimanski), also mit »kleinem m«, bezieht sich hingegen auf die Religionszugehörigkeit.

gehende Autonomierechte für alle Nationen und Nationalitäten auf dem Gebiet des Vielvölkerstaates. Diese Entwicklung war bereits in den Gründungsdokumenten des sozialistischen »Neuen Jugoslawien« angelegt. Freilich handelte es sich um eine demokratisch nicht legitimierte Verfassung, deren Aussagen durch die Herrschaft Titos noch relativiert wurden.

Die geographische Lage, die naturräumlichen Voraussetzungen und die Zusammensetzung der Bevölkerung bestimmten maßgeblich die politische und ökonomische Stellung Bosnien-Herzegowinas im sozialistischen Jugoslawien. Die Erfahrungen des Partisanenkrieges und die nach dem Bruch mit der Sowjetunion unter Stalin 1948 wahrgenommene äußere Bedrohung führten dazu, dass Bosnien als strategisches Zentrum Jugoslawiens galt. Schließlich konnte von hier die Verteidigung gegen jegliche äußere Aggression am besten organisiert werden. Dies bedeutete, dass wesentliche Industriezweige einschließlich großer Teile der Rüstungsindustrie bewusst in dieser Republik angesiedelt wurden. Das durch Vorkommen von Bodenschätzen begünstigte Bosnien stellte die Basis der angestrebten Industrialisierung und des sozialistischen Aufbaus dar.

»Gastarbeiter« als Wirtschaftsfaktor

Seit den 1970er Jahren hatten die Einkünfte der sogenannten Gastarbeiter eine erhebliche Bedeutung für die jugoslawische Gesamtwirtschaft. Gastarbeiter entlasteten den jugoslawischen Arbeitsmarkt und investierten große Teile ihres Vermögens in der Heimat. Der Devisenstrom aus dem Ausland betrug 1972 mehr als 700 Millionen US-Dollar und übertraf damit die Deviseneinnahmen der Tourismusbranche. In der Bundesrepublik Deutschland blieb die Anzahl der sozialversicherungspflichtigen Beschäftigten aus Jugoslawien bis 1990 mit etwa 400 000 Personen ziemlich konstant. In Österreich arbeiteten im gleichen Zeitraum cirka 80 000 Beschäftigte aus Jugoslawien. Sie bilden dort bis heute die größte Ausländergruppe. In Deutschland stellen Personen aus dem ehemaligen Jugoslawien nach den Türken nach wie vor die zweitgrößte ausländische Minderheit.

Der Aufbau Gesamtjugoslawiens wich, nach der ersten stalinistischen Phase, deutlich vom sowjetischen Modell der Kollektivierung ab. Er war durch eine Bodenreform gekennzeichnet, die Kleinbauern ihr Land als Eigentum beließ. Die Staatsführung etablierte einen so genannten Selbstverwaltungssozialismus, in dem, zumindest der Theorie nach, die unmittelbaren Produzenten in den Betrieben durch Arbeiterräte selbst ihre Direktoren wählen und kontrollieren sollten. Schließlich entwickelte sich eine weltweit wohl einzigartige Form selbstverwalteter »sozialistischer Marktwirtschaft«. Diese Wirtschaftsform, von Soziologen in der Realität eher als »Managersozialismus« beschrieben, stand unter Kontrolle der Kommunistischen Partei.

Die Zuwachsraten des Bruttoinlandsprodukts waren zunächst beeindruckend. Vom flächendeckenden Ausbau des Bildungssystems und der Infrastruktur profitierte auch Bosnien-Herzegowina erheblich.Dabei lassen sich jedoch zwei Phasen der Nachkriegsentwicklung unterscheiden. In den ersten zwanzig Jahren nach dem Zweiten Weltkrieg dominierte eine zentral von Belgrad aus geplante und durchgeführte Politik. Sie suchte insbesondere die Ressourcen Bosnien-Herzegowinas für den Aufbau der Schwerindustrie, im Bergbau, bei der Erzeugung von Elektrizität durch Wasserkraft sowie bei der Holzindustrie auszunutzen. Wo es opportun erschien, waren auch repressive Maßnahmen gegen so genannte Volksfeinde, einschließlich der Kirchen und Konfessionsgemeinschaften, an der Tagesordnung.

Mit dem Abtreten des serbischen Geheimdienstchefs Aleksandar Ranković 1966 auf Bundesebene und von Djuro Pucar Stari (einem Serben aus Bosansko Grahovo), der die Bosnische Kommunistische Partei seit 1945 kontrolliert hatte, kam es zu einem Generationenwechsel. Tito gegenüber loyale, aber trotz aller an den Tag gelegten ideologisch-kommunistischen Festigkeit weitaus flexiblere Funktionäre kamen an die Macht, wie Džemal Bijedić, Branko Mikulić oder Hamdija Pozderac. Damit vollzog sich ein spürbarer Wandel in Bosnien-Herzegowina, der zu einem Aufschwung auf vielen Gebieten führte. Sowohl Kroaten als auch Muslime erhielten mehr Spielraum in der Politik. Manche Autoren bezeichnen diese Phase gar als »Wiedergeburt« Bosniens und weisen insbesondere auf die enormen Aufbauleistungen im Bereich der Infrastruktur hin. So wurden bis Ende der 1960er Jahre etwa 3000 Straßenkilometer asphaltiert. Das staatliche Schulwesen wurde ausgebaut; Städte und Gemeinden entwickelten sich. Die kulturelle Blüte der 1960er Jahre fand auch in zahlreichen Kunstwerken von Rang ihren Niederschlag.

Im Rückblick wird deutlich, dass die Integrationskräfte innerhalb des zweiten jugoslawischen Staates stetig schwächer wurden. Das nach 1945 auf Partei, Polizei und Armee beruhende kommunistische Herrschaftssystem geriet in den 1970er Jahren unter immer stärkeren Reformdruck. Die »nationale Frage« überschattete alle anderen Gegensätze innerhalb Jugoslawiens und auch innerhalb der kommunistischen Partei. Im Zuge der Zuspitzung der nationalen Auseinandersetzungen Ende der 1960er Jahre war deutlich geworden, dass auch die Kommunisten die nationale Frage nicht hatten zufriedenstellend lösen können. Die Konzeption der »Brüderlichkeit und Einheit« der Völker Jugoslawiens konnte die gewachsenen Probleme nicht überdecken. Doch es ist nicht zu bestreiten, dass das nationale Problem nach 1945 zunächst in den Hintergrund getreten war. Das lag einerseits an der multiethnischen Partisanenbewegung, andererseits an dem siegreichen Kampf gegen die Invasoren, der psychologisch wichtigen Siegesstimmung bei den Kommunisten nach dem »Volksbefreiungskrieg« sowie an dem Terror gegen alle wirklichen oder vermeintlichen Systemgegner. Integrativ wirkte auch der bald einsetzende außenpolitische Druck von Seiten der Sowjetunion nach dem Bruch Titos mit Stalin 1948.

Die Führung Jugoslawiens war sich vor dem Hintergrund der angestrebten sozialistischen Reformen der Brüchigkeit des auf »anti-nationalistischer Symmetrie« beruhenden Staatsgebildes bewusst. Dieses existierte innerhalb der Teilrepublik Bosnien-Herzegowina sozusagen noch einmal in Miniaturform. Das strategische Anliegen der Kommunisten, Jugoslawien zusammenzuhalten und sich gleichzeitig als Vertreter nationaler Interessen zu profilieren, erforderte den Kampf gegen alle »nationalistischen Abweichungen«. Gleichzeitig schuf es aber erst die Bedingungen für die volle Ausformung nationaler Identität. Dies lässt sich nicht zuletzt am Beispiel der Mazedonier und der bosnischen Muslime zeigen.

Insgesamt war Jugoslawien freilich als »Gemeinschaft von gleichberechtigten Nationen und Nationalitäten« (Artikel 1 der Verfassung von 1974) angelegt – zumindest in der Theorie. Zudem waren die sechs jugoslawischen Republiken (Slowenien, Kroatien, Bosnien-Herzegowina, Serbien, Montenegro und Mazedonien) in ihren Grenzen als »Staaten« definiert (Artikel 3 der Verfassung von 1974).

Tito trat allen Bestrebungen entgegen, aufgrund des Übergewichts der Serben eine offene Majorisierungspolitik zu etablieren. Gleichzeitig wurde mit repressiven Mitteln versucht, »Separatismus und Nationalismus« zu unterdrücken. Die Dominanz einer Nation sollte verhindert werden, sowohl auf gesamtjugoslawischer Ebene wie auch innerhalb der Teilrepublik Bosnien-Herzegowina. Lange Zeit schien es so, als ob damit die Zauberformel für die Existenz eines gemeinsamen jugoslawischen Staates wie auch Bosnien-Herzegowinas gefunden worden wäre. Mit der ökonomischen Krise seit den 1970er Jahren wurden jedoch die existenzgefährdenden Spannungen, denen dieses undemokratische Vielvölkerstaatsgebilde ausgesetzt war, immer offensichtlicher. Alle Wirtschaftsreformen, die stets dort endeten, wo sie zu einer Gefährdung des Systems und des politischen Machtmonopols der Kommunistischen Partei hätten führen können, scheiterten. Die Kluft zwischen den Republiken, zwischen Nord und Süd vertiefte sich immer mehr. Der Kollaps des Sozialismus führte letztlich zum Zerfall des sozialistischen jugoslawischen Staates.

Der Bankrott des Titoismus und des jugoslawischen sozialistischen Wirtschaftssystems wurde in Bosnien-Herzegowina in der so genannten Agrokomerc-Affäre deutlich. Sie brach im Sommer 1987 in Velika Kladuša (Westbosnien) aus. Agrokomerc, ein Nahrungsmittel produzierender Betrieb mit über 13 000 Beschäftigten und einem *babo* (Papa) genannten, beliebten Generaldirektor, hatte eigene, zum allergrößten Teil ungedeckte Wertpapiere in Höhe von 900 Millionen US-Dollar herausgegeben. Dies ging mit anderen Korruptionsskandalen einher. So lieh sich Agrokomerc bei 63 jugoslawischen Banken Geld. Das ganze mafiöse System brach wie ein Kartenhaus zusammen und einige der »titoistischen« Politiker Bosnien-Herzegowinas wurden zum Rückzug gezwungen. In Bosnien-Herzegowina läutete die Agrokomerc-Affäre das Ende des Sozialismus und bald auch Jugoslawiens ein. Seitens vieler Bosniaken wird sie als serbische »Vernichtung« eines florierenden »bosnischen« Wirtschaftsunternehmens gesehen.

Die wirtschaftliche Situation in der Teilrepublik sowie im mit mehr als 20 Milliarden im Ausland verschuldeten Gesamtstaat wurde immer desolater. Dies zeigte schon die galoppierende Inflation. Die Wirtschaftskrise führte nach Titos Tod zu weit verbreiteter Unzufriedenheit mit dem System. Soziale Unruhen und im Kosovo auch politischer Aufruhr waren die Folge. Die sozialen Konflikte konnten in Spannungen zwischen ethnischen Gruppen transformiert werden, wobei Unterschiede in historischer Erfahrung, Religion, Kultur und Sprache der verschiedenen Völker auf dem Gebiet Jugoslawiens durchaus von skrupellosen Politikern instrumentalisiert wurden. Dies war nicht zuletzt das Ergebnis der lange Zeit von der jugoslawischen Parteiführung erzwungenen »Brüderlichkeit und Einigkeit«. Belastungen aus der Vergangenheit sowie aktuelle Konflikte und Verteilungskämpfe wurden nicht offen thematisiert, sondern lange hinter der Fassade der offiziell gebrauchten Floskel vom »Sieg der Revolution der Arbeiterklasse und ihrer Partei« versteckt. Auch die Kommunistische Partei, umgewandelt zum nach Republiken organisierten Bund der Kommunisten (BdKJ), konnte dem Zerfall des gesamtjugoslawischen Bewusstseins und somit auch der jugoslawischen Institutionen nichts mehr entgegenstellen. Nach dem Tod der Integrationsfigur Tito dominierten in der jugoslawischen Gesellschaft bald exklusiv-nationale Argumentationen, freilich begleitet von sozialistischer Rhetorik. Insbesondere in der bosnisch-herzegowinischen Teilrepublik versuchten die herrschenden Kommunisten bis zum Schluss die nationalen Rivalitäten unter Kontrolle zu behalten und setzten auf Proporzlösungen, die alle Nationen im Rahmen des sozialistischen Systems zufrieden stellen sollten. Doch die allgegenwärtige Krise der 1980er Jahre war innerhalb des Systems nicht mehr lösbar. Dies bereitete nationalistischen Demagogen den Boden und mobilisierte Ressentiments gegen andere Völker. In den im Herbst 1990 in der Teilrepublik abgehaltenen freien Wahlen triumphierten neu gebildete nationale Parteien der drei Volksgruppen Bosnien-Herzegowinas, deren Rhetorik in vielerlei Hinsicht an die politischen Auseinandersetzung im von bitteren Nationalitätengegensätzen überschatteten ersten Jugoslawien erinnerte – wie sich zeigen sollte mit sehr ähnlichen Folgen. Die Zeit der Brüderlichkeit und Einigkeit war endgültig vorbei.

Aleksandar Jakir

Literaturempfehlungen:

Peter Bartl, Grundzüge der jugoslawischen Geschichte, Darmstadt 1985

Srećko M. Džaja, Die politische Realität des Jugoslawismus (1918–1991) mit besonderer Berücksichtigung Bosnien-Herzegowinas, München 2002 (= Untersuchungen zur Gegenwartskunde Südosteuropas, 37)

Holm Sundhaussen, Experiment Jugoslawien. Von der Staatsgründung bis zum Staatszerfall, Mannheim [u.a.] 1993

Jugoslawien 1919–1921

ullstein bild – dpa

Am 14. Dezember 1995 wurde in Paris das Abkommen von Dayton formell in Kraft gesetzt. Slobodan Milošević (Bundesrepublik Jugoslawien), Franjo Tudjman (Kroatien) und Alija Izetbegović (Bosnien-Herzegowina) unterzeichneten im Beisein von Felipe González (Spanien), Bill Clinton (USA), Jacques Chirac (Frankreich), Helmut Kohl (Deutschland), John Major (Großbritannien) und Viktor Černomyrdin (Russland) den Friedensvertrag.

Zur aktuellen Entwicklung siehe: »Leitfaden für Bundeswehrkontingente in Bosnien und Herzegowina« des ZNBw

Vom Friedensabkommen von Dayton zum Einsatz der EUFOR

Damit in Bosnien-Herzegowina nach vier Jahren Krieg, Hass und Leid wieder Frieden einkehren konnte, waren viele, oft widersprüchlich erscheinende Schritte nötig. Am 10. November 1995 wurde das Abkommen über die Verwirklichung der bosniakisch-kroatischen Föderation Bosnien-Herzegowina geschlossen. Die kroatischen Zivilbehörden in »Herzeg-Bosna« lösten sich offiziell auf und der Staat »Herzeg-Bosna« hörte auf zu existieren. Eine Kantonsverfassung trat in Kraft. Am 12. Dezember einigten sich die kroatischen Serben mit der kroatischen Regierung auf eine Demilitarisierung Ostslawoniens und dessen Unterstellung unter eine Übergangsverwaltung der Vereinten Nationen. Die Grundlagen für eine Einigung in Dayton, Ohio (USA), waren gelegt. Am 21. November 1995 akzeptierten die Präsidenten der Bundesrepublik Jugoslawien, Slobodan Milošević, von Bosnien und Herzegowina, Alija Izetbegović, und Kroatien, Franjo Tudjman, das »Rahmenabkommen für Frieden in Bosnien-Herzegowina« (The General Framework Agreement for Peace in Bosnia and Herzegovina) im Entwurf. Der in Dayton ausgehandelte Vertrag wurde am 21. Dezember 1995 in Paris unterzeichnet.

Das Abkommen von Dayton beinhaltete neben Waffenstillstandsvereinbarungen auch die Schaffung einer neuen demokratischen Staatsordnung in Bosnien-Herzegowina. In elf Artikeln verpflichteten sich die drei Vertragsparteien zur friedlichen Zusammenarbeit.

Die Anerkennung der Charta der Vereinten Nationen und insbesondere die Achtung der Menschenrechte bildeten neben militärischen und territorialen Friedensaspekten den Kern des komplizierten Vertragswerkes. Im militärischen Teil des Vertrages hatten sich die Kriegsparteien dazu bereit erklärt, ihre Armeen binnen dreißig Tagen hinter die Waffenstillstandslinien zurückzuziehen sowie entlang dieser Linien eine etwa vier Kilometer breite entmilitarisierte Zone einzurichten. Zur Durchsetzung der Bestimmungen von Dayton löste gemäß UN-Resolution 1031 eine 60 000 Mann starke Implementierungsarmee (Implementation Force, IFOR) unter dem Kommando der NATO

Minderheiten und Flüchtlingsrückkehr: Von Lausanne nach Dayton

Das Osmanische Reich und Österreich-Ungarn waren Vielvölkerreiche. Ihre Nachfolgestaaten entstanden jedoch als ethnisch definierte Nationalstaaten. Dies hatte zur Folge, dass innerhalb der nun unabhängigen Territorien verschiedene Seiten eine ethnische »Flurbereinigung« anstrebten. Das Schicksal von Minderheiten wurde nach dem türkisch-griechischen Krieg von 1922 zu einem internationalen Problem. Im Frieden von Lausanne vom 24. Juli 1923 vereinbarten die Türkei und Griechenland den »Bevölkerungsaustausch« der türkischen bzw. griechischen Minderheiten und deren Umsiedlung ins »Mutterland«. Ziel der Maßnahme war es, die durch nationale Minderheiten ausgelösten Spannungen zu einzudämmen. Der Frieden sollte auf Basis klarer, ethnisch definierter Grenzen gesichert werden. Trotz des Leids, das die folgenden Vertreibungen für die Betroffenen mit sich brachten, diente das Friedensabkommen von Lausanne späteren Umsiedlungsverträgen als Vorbild. Der Vertrag von Dayton brach mit dieser internationalen Praxis. Die Ergebnisse von Vertreibungen und Massakern der Jahre 1992 bis 1995 sollten diesmal nicht festgeschrieben werden. Als einen zentralen Punkt fixierten die Väter dieses Vertrages im politischen Teil das Recht der Flüchtlinge auf freiwillige Rückkehr an ihre Heimatorte.

die UN-Blauhelme der United Nations Protection Force (UNPROFOR) ab. Die NATO-Operation »Joint Endeavour« begann am 16. Dezember 1995.

Der politische Teil des in Dayton ausgehandelten Vertrages von Paris bildet bis heute die Grundlage für die politische Ordnung Bosnien-Herzegowinas. Im Zentrum stehen das Festhalten an der Selbstständigkeit und der Einheitlichkeit des Staates sowie die Garantie seiner territorialen Integrität. Die heute weitgehend als Faktum wahrgenommene Existenz dieses Staates war im Jahr 1995 keinesfalls eine Selbstverständlichkeit.

Völkerrechtliche Überlegungen und grundlegende Prinzipien der Vereinten Nationen, wie die Verurteilung von Krieg oder das Selbstbestimmungsrecht der Völker, mussten mit der regionalen

Machtverteilung des Jahres 1995 vor Ort in Einklang gebracht werden. Nicht selten wurde Bosnien-Herzegowina in seiner Ausgestaltung als wirklichkeitsfremd bezeichnet oder als »Konstrukt« abqualifiziert. Konkret stellte sich das Problem, dass nach einem brutalen Krieg zwischen drei ethnischen Gruppen, von denen die bosnischen Serben und die bosnischen Kroaten über staatliche Schutzmächte außerhalb Bosnien-Herzegowinas verfügten, die Möglichkeit zum friedlichen Nebeneinander auf engem Raum gefunden werden musste. So wurde der Gesamtstaat mittels eines ethnischen Quotensystems aufgebaut.

Bosnien-Herzegowina besteht aus zwei Gebietseinheiten (engl. entities), der bosniakisch-kroatischen »Föderation von Bosnien und Herzegowina« mit 51 Prozent des Territoriums sowie der »Republika Srpska«, die 49 Prozent des Territoriums umfasst. Diese Gebietseinheiten verfügen über verfassungsmäßige Rechte, welche weit über diejenigen etwa deutscher Bundesländer hinausgehen. Hierzu zählen das Recht auf Vergabe eigener Staatsangehörigkeiten und das Recht, Verträge mit Staaten und internationalen Organisationen zu schließen. So konnten sowohl die Föderation als auch die Republika Srpska »parallele Sonderbeziehungen« zu ihren Nachbarn, Kroatien oder Serbien, pflegen. In der durch den Fluß Neretva geteilten Stadt Mostar trat ein Sonderstatut mit ethnisch definierten Stadtbezirken in Kraft, das die bosniakische von der bosnisch-kroatischen Bevölkerung trennte. Vielfach kritisiert wurde, dass die beiden ostbosnischen Enklaven Srebrenica und Žepa Teil der Republika Srpska geworden sind. Der Vorwurf, hierdurch seien nachträglich die Ergebnisse von »ethnischen Säuberungen« und Völkermord festgeschrieben worden, steht nach wie vor im Raum. Eine große Rolle spielte bei den Verhandlungen von Dayton außerdem die Anbindung »ethnischer Inseln«. So wurde Goražde über einen Korridor mit der Föderation von Bosnien und Herzegowina, das serbische Gebiet um Banja Luka über einen Korridor mit dem vor allem serbisch besiedelten Ostbosnien verbunden. Einen Sonderfall bildete die an strategisch wichtiger Stelle gelegene Stadt Brčko im Norden Bosniens. Erst 1999 übernahm ein internationaler »Brčko-Beauftragter« mit einer Sonderverwaltung die Verantwortung in diesem Distrikt, da in Dayton die Stellung Brčkos nicht abschließend geregelt werden konnte.

Brčko wurde den gesamtstaatlichen Behörden Bosnien-Herzegowinas direkt unterstellt.

Hauptaufträge der IFOR waren die Sicherstellung der dauerhaften Einhaltung der Waffenruhe, die Truppenentflechtung der drei Konfliktparteien bis Mitte Januar 1996 sowie die Überwachung des Truppenrückzuges aus der vereinbarten Waffenstillstandszone. Den im Friedensabkommen von Dayton beschlossenen Abzug aller schweren Waffen und Truppen bis zum 18. April 1996 verwirklichten die ehemaligen Konfliktparteien nur schleppend. Der Oberste Alliierte Befehlshaber Europa (Supreme Allied Commander Europe, SACEUR) setzte mit dem 27. Juni 1996 dann einen neuen Termin durch. Die IFOR-Truppen inspizierten etwa 800 Orte auf der Suche nach schweren Waffen, um so die Demobilisierung voranzutreiben. Hierzu wurden etwa 2500 Kilometer durch Minen gesperrte und zerstörte Straßen passierbar gemacht sowie über 60 Brücken instandgesetzt oder wieder aufgebaut. IFOR-Soldaten brachten den Flughafen in Sarajevo sowie die Haupteisenbahnverbindung wieder in einen nutzbaren Zustand. Der Aufbau der Infrastruktur bildete neben der Schaffung eines friedlichen Umfeldes eine wesentliche Grundlage für den Warenverkehr und somit für die Versorgung der Bevölkerung.

Im September 1996 führte die Organisation für Sicherheit und Zusammenarbeit in Europa (OSZE) erstmals freie Wahlen durch. Deren weitgehend friedlichen Ablauf sicherte die IFOR. Generell kam der Schutztruppe beim Übergang zum Frieden eine Schlüsselrolle zu. Unter ihrem Schutz leisteten die für die Umsetzung der zivilen Aspekte des Daytoner Abkommens verantwortlichen internationalen Organisationen ihre Arbeit. IFOR schuf die Voraussetzungen dafür, dass die Rückkehr der vertriebenen Bevölkerung Bosnien-Herzegowinas in ihre Heimatorte anlaufen konnte.

Am 12. Dezember 1996 autorisierte die UN-Resolution 1088 die Ablösung der IFOR durch eine Stabilization Force (SFOR) der NATO. Diese sollte die für eine Konsolidierung des Friedens notwendige Stabilität gewährleisten. Die SFOR war mit 32 000 Soldaten etwa halb so stark wie ihre Vorgängertruppe. Ihre Rules of Engagement (ROE) waren jedoch die gleichen wie die der IFOR: Sie beinhalteten das Recht zur Anwendung von Waffengewalt, falls dies zur Durchsetzung des Auftrags oder zum eigenen

Schutz erforderlich sein sollte. Neben der Verhinderung erneuter Feindseligkeiten oder Bedrohungen für den Frieden gehörte die Bereitstellung selektiver Unterstützung ziviler Organisationen zu den Aufträgen der SFOR. An herausragender Stelle stand hierbei der Hohe Flüchtlingskommissar der Vereinten Nationen (United Nations High Comissioner for Refugees, UNHCR) bei seinen Bemühungen um die Rückführung von Flüchtlingen und Vertriebenen. Des Weiteren unterstützte er maßgeblich das Internationale Kriegsverbrechertribunal für das ehemalige Jugoslawien (International Criminal Tribunal for the former Yugoslavia, ICTY). SFOR schützte die ICTY-Ermittler und nahm Personen fest, die im Verdacht standen, Kriegsverbrechen begangen zu haben. SFOR-Patrouillen überwachten Orte, an denen Massengräber vermutet wurden. Wie schon bei IFOR stellten auch bei SFOR insgesamt 22 Nicht-NATO-Staaten jeweils etwa 12 000 Soldaten. Die NATO hatte für die SFOR-Mission (»Operation Joint Guard«) ursprünglich eine Dauer von 18 Monaten vorgesehen; das Mandat wurde aber mehrmals bis Dezember 2004 verlängert (»Operation Joint Forge«). Im Jahr 2000 betrug die Stärke der Internationalen Friedenstruppe SFOR etwas über 24 000 Soldaten.

Am 2. Dezember 2004 endete mit der Übergabezeremonie in Sarajevo der Einsatz der durch die NATO geführten Stabilization Force (SFOR). Unter Führung der Europäischen Union leisten seitdem die etwa 7000 Soldaten der European Force (EUFOR) ihren Dienst in Bosnien-Herzegowina.

Agilolf Keßelring

Literaturempfehlungen:

Der Einsatz der Friedenstruppe IFOR/SFOR im ehemaligen Jugoslawien. Hrsg. vom Streitkräfteamt der Bundeswehr, Abt. III FIZBw, Bonn 1999

Daniel Eisermann, Der lange Weg nach Dayton. Die westliche Politik und der Krieg im ehemaligen Jugoslawien 1991 bis 1995, Baden-Baden 2000

Folgeoperation SFOR. Informationen über die Beteiligung der Bundeswehr an der Stabilisierung des Friedens im ehemaligen Jugoslawien. Hrsg. vom Bundesministerium der Verteidigung, Bonn 1999

ullstein bild – AP

Der Islam hat in Bosnien-Herzegowina traditionell eine eher europäische Ausprägung. Im jugoslawischen Nachfolgekrieg von 1992 bis 1995 waren es vielfach die Muslime aus arabischen Ländern, die die bosniakische Kriegspartei unterstützten. Auch beim Wiederaufbau engagierten sich außerbosnische Muslime. Die im Jahr 2000 in Sarajevo eingeweihte *König-Fahd-Moschee* ist ein Beispiel für diese Aufbauhilfe.

Der Islam in Bosnien-Herzegowina

Die islamische Tradition in Bosnien-Herzegowina entwickelte sich im Widerstreit unterschiedlicher kultureller, religiöser und politischer Einflüsse, denen das Land seit dem 15. Jahrhundert ausgesetzt war. Im Osmanischen Reich waren die mehrheitlich von Muslimen bewohnten bosnischen Städte die Horte des traditionellen »Gelehrtenislams«, der durch Rechtsgelehrte und islamische Theologen verkörpert wurde. Hingegen war der »Volksislam« auf dem Land stark von der islamischen Mystik (Sufismus) beeinflusst. Er stellte eine Mischung aus islamischen Elementen und christlichen bzw. vorislamischen Bräuchen dar.

Die österreichisch-ungarische Herrschaft über Bosnien (1878–1918) schlug sich unter anderem in der Entstehung neuer muslimischer intellektueller Eliten mit säkularem Bildungsprofil nieder. Diese begannen die bis dahin dominante Rolle der islamischen Religion in der bosnisch-muslimischen Gesellschaft kritisch zu hinterfragen. Impulse für gesellschaftliche Veränderungen, die seit Anfang des 20. Jahrhunderts die Debatten beherrschten, entsprangen sowohl der philosophischen und politischen Tradition Westeuropas als auch dem islamischen Reformismus. Im Zentrum der Auseinandersetzungen standen die Forderungen nach Reformen des Islamischen Rechts (Scharia) und die Modernisierung des Bildungskanons sowie die gesellschaftliche Stellung der muslimischen Frauen.

Die radikalsten Einschnitte in die gesellschaftlichen und religiösen Strukturen der bosnischen Muslime erfolgten im sozialistischen Jugoslawien ab 1945. Die Religion wurde zur Privatsache des Einzelnen erklärt. In der Praxis unterwanderten eine Reihe von repressiven Maßnahmen die in der staatlichen Verfassung verankerte Religionsfreiheit. Im ersten Jahrzehnt nach dem Krieg wurden islamische Bildungseinrichtungen, Sufi-Konvente, muslimische Kulturvereinigungen und Zeitungen geschlossen sowie das beträchtliche Eigentum der Islamischen Glaubensgemeinschaft (Islamska vjerska zajednica, IVZ) verstaatlicht. Die Scharia, die das Familien- und Erbrecht der Muslime geregelt hatte, schaffte der Staat ab, freilich ohne damit ihre Wirksamkeit aufzuheben. Viele Vorschriften wurden als religiös-moralische Normen Teil der religiösen Ethik: Zahlreiche Muslime verstanden sie zwar nicht mehr als bindende Gesetze, weiterhin aber als Ausdruck des islamischen religiösen Bekenntnisses. Der Islam selbst verlagerte sich aus dem öffentlichen in den privaten Raum, wo islamische Rituale (z.B. Beten und Fasten) und Feste (Beschneidungsfeste, Totenandachten, Feiern zum Geburtstag des Propheten Mohamed usw.) relativ frei ausgeübt und damit auch einige religiöse Traditionen bewahrt werden konnten.

Die verfassungsrechtliche Anerkennung einer muslimischen Nation 1974 stärkte die Tendenzen unter den bosnischen Muslimen, ihre islamische Identität in erster Linie als eine kulturelle und weniger als eine religiöse zu sehen. Die mit aller Strenge betriebene Säkularisierung der Gesellschaft in der zweiten Hälfte des 20. Jahrhunderts trug hierzu bei, ebenso wie die staatliche Kontrolle über die islamische Geistlichkeit und eine gezielte Förderung modernistischer Tendenzen innerhalb der IVZ durch den Staat. Auch der ab Mitte der 1960er Jahre wachsende politische Einfluss der muslimischen kommunistischen Eliten mit säkularer Orientierung förderte die Transformation des islamischen religiösen Lebens und des Islamverständnisses. Nach der Unabhängigkeit waren in Bosnien-Herzegowina Tendenzen zur Reislamisierung der muslimischen Gesellschaft zu beobachten. In der Öffentlichkeit trat der Islam wieder stärker in Erscheinung. Dennoch konnte der für die jugoslawische Zeit beschriebene Prozess der Umwandlung und Säkularisierung nicht mehr rückgängig gemacht werden.

Armina Omerika

Literaturempfehlungen:

Smail Balić, Islam für Europa. Neue Perspektiven einer alten Religion, Köln 2001

Muslim identity and the Balkan state. Ed. by Hugh Poulton and Suha Taji-Farouki, New York 1997

The Muslims of Bosnia-Herzegovina. Their historic development from the Middle Ages to the dissolution of Yugoslavia. Ed. by Mark Pinson, 2. Aufl., Cambridge, MA 1996

Ethnische Zusammensetzung der Bevölkerung Jugoslawiens 1985

Bundesarchiv/Thiede/Bild 146-2005-0101

Verworrene Frontlinien: Die Konflikte und Kämpfe im Zweiten Weltkrieg waren weit komplizierter, als dies das offiziöse jugoslawische Bild vom »Volkswiderstand« gegen den Hitlerfaschismus nahelegt. Parallel zum Kampf unterschiedlicher Widerstandsgruppen gegen die deutsche und italienische Okkupation vollzog sich ein existenzieller Kampf zwischen kommunistischen Tito-Partisanen und monarchistischen Mihailović-Tschetniks. Innerhalb aller jugoslawischen Nationalitäten gab es daneben unterschiedliche Formen der Zusammenarbeit mit den Besatzungsmächten. Diese reichte von erzwungenen Unterstützungsleistungen über die freiwillige Zusammenarbeit und die Verfolgung nationalistischer Ziele unter dem Schutzmantel der militärischen Besatzung bis hin zur verbrecherischen Kollaboration. Der deutsche und italienische »Partisanenkampf« brachte durch seine Brutalität eine Spirale der Gewalt in Gang. Zu »Befriedungsaktionen« wurden immer mehr auch einheimische Sicherheitskräfte im Dienste der Besatzer herangezogen. Opfer der Kämpfe war auch die jugoslawische Zivilbevölkerung – ungeachtet nationaler und ethnischer Zugehörigkeit.

Krieg und Bürgerkrieg 1941–1945

In der Geschichtsschreibung des sozialistischen Jugoslawien über den Zweiten Weltkrieg kam der Begriff »Bürgerkrieg« nicht vor. Dargestellt wurde vielmehr das Verhalten der verschiedenen Bevölkerungsgruppen gegenüber den Besatzungsmächten. Dem offiziellen jugoslawischen Kriegsmythos diente die klare und einfache Einteilung in die Begriffspaare Gut und Böse, Freund und Feind, Widerstandskämpfer und Kollaborateur. Die Ereignisse von 1941 bis 1945 wurden diesem vereinfachenden Deutungsmuster entsprechend zugeordnet. Auf der einen Seite standen die Aggressoren – die Besatzungsmächte und ihre Helfershelfer –, auf der anderen Seite das »Volk«, d.h. die Arbeiter und Bauern, die sich unter Führung des Josip Broz »Tito« und der Kommunistischen Partei zum bewaffneten Widerstand formiert hatten. Die Trennlinie zwischen Widerstand und Kollaboration verlief – folgt man dem Ansatz der Mythenbildner – jenseits der nationalen Trennlinien: Auf beiden Seiten der Front herrschte annähernder nationaler Proporz. Das Lager des (kommunistischen) Widerstands setzte sich aus Angehörigen aller jugoslawischen Nationen und Nationalitäten entsprechend ihrem Anteil an der Gesamtbevölkerung zusammen. Zum gegnerischen Lager der »Kollaboration« wurden ebenso serbische und montenegrinische Tschetniks wie kroatische Ustasche, »volksdeutsche«, slowenische, bosnisch-muslimische, albanische und andere so genannte Volksverräter gerechnet. Auf-

Volksdeutsche

Die deutschen ethnischen Minderheiten, die außerhalb des Deutschen Reiches lebten, galten während der NS-Zeit im Gegensatz zu den innerhalb der Reichsgrenzen lebenden »Reichsdeutschen« als »Volksdeutsche«. Die Staatsbürgerschaft dieser Personen war hierbei ohne Bedeutung. Etwa eine halbe Million »Volksdeutsche« wurden nach Ende des Zweiten Weltkrieges von Jugoslawien auf das Gebiet der heutigen Bundesrepublik und nach Österreich vertrieben oder waren schon beim Zurückweichen deutscher Truppen geflohen.

Tschetnik

Foto: Unbekannt

Der Begriff »Tschetnik« (serb.: četnik, Plural: četnici) ist abgeleitet aus »četa« (Schar, Truppe) und bezeichnet seit dem ausgehenden 19. Jh. die Mitglieder paramilitärischer Gruppen, die in den unter Fremdherrschaft stehenden Gebieten für die »nationale Befreiung« kämpften. Die Tschetniks spielten auch in den Balkankriegen von 1912/13 und im Ersten Weltkrieg eine wichtige Rolle. In der Zwischenkriegszeit organisierten sie sich in Veteranenverbänden. Im Zweiten Weltkrieg wurden die Tschetniks als Widerstandsbewegung gegen die Deutschen wiederbelebt. Durch ihre zunehmende Feindschaft zu den Tito-Partisanen kam es zu lokalen Kooperationen mit den Besatzern.

grund dieser Verteilung konnte es einen *nationalen* Bürgerkrieg gemäß der Lehrmeinung im sozialistischen Jugoslawien nicht geben. Auch gab es keinen Platz für Verhaltensweisen außerhalb der starren Polarität von Kollaboration und Widerstand. Nach diesem Schema waren wechselnde Hierarchien in der Einschätzung der Feinde, bedingte oder taktische Kooperationen mit dem Gegner und abwartende oder passive Haltungen ebenso wenig akzeptabel wie das breite Spektrum von Überlebensstrategien.

Im Zentrum standen die *politisch-weltanschaulichen* Gegensätze zwischen den unterschiedlichen Lagern. Die nationale (ethnische) Komponente des Krieges wurde demgegenüber völlig in den Hintergrund gerückt oder ignoriert. In der Zerfallsphase Jugoslawiens und in den postjugoslawischen Staaten der 1990er Jahre wurde dann das überlieferte Schema häufig nur umgedreht: Aus »Helden« wurden »Verräter« und umgekehrt. Die (vermeintlichen) nationalen »Erbfeindschaften« überlagerten nun die politischen Gegensätze, sodass ehemalige »Faschisten« und ehemalige »Kommunisten« – sofern sie derselben Nation angehörten – unter dem nationalen Banner »versöhnt« werden konnten.

Tatsächlich wurden zwischen 1941 und 1945 im jugoslawischen Raum *zwei* Kriege ausgetragen: erstens ein Krieg zwischen den Besatzungsmächten Deutschland und Italien (einschließlich ihrer einheimischen Unterstützer) und dem bewaffneten Widerstand sowie zweitens ein Bürgerkrieg, d.h. ein zwischen national und ideologisch verfeindeten Gruppen ausgetragener Kampf um die künftige politische Macht. Beide Kriege überlappten sich von Anfang an. Doch je deutlicher sich die militärische Niederlage der Hitler-Koalition abzeichnete, desto wichtiger wurde der Bürgerkrieg, denn in ihm ging es um die Gestaltung der Nachkriegsordnung.

Bosnien-Herzegowina stand ab Anfang 1942 im Brennpunkt beider Kriege. Das war im Wesentlichen auf drei Faktoren zurückzuführen:

1. auf die zur Führung eines Guerillakriegs günstigen geographischen Bedingungen, auf die hier nicht näher eingegangen werden muss,
2. auf die politischen Machtverhältnisse und
3. auf die komplizierte nationale (ethnische) und religiöse Zusammensetzung der Bevölkerung.

Aufgrund der Entscheidungen Hitlers und Mussolinis wurde Bosnien-Herzegowina dem am 10. April 1941 in Zagreb unter dem Schutz deutscher Panzer proklamierten »Unabhängigen Staat Kroatien« (USK, kroat. Nezavisna Država Hrvatska, NDH) zugeschlagen. Die politische Macht lag in den Händen der zahlenmäßig kleinen Ustascha-Bewegung unter ihrem »Führer« (Poglavnik) Ante Pavelić. Ziel der Ustascha-Regierung war die Schaffung eines »ethnisch gesäuberten« großkroatischen Staates.

Der USK verstand sich als Nationalstaat, obwohl es sich de facto um einen Vielvölkerstaat handelte. Nur etwa die Hälfte der insgesamt etwa 6,5 Millionen Einwohner waren Kroaten. In Bosnien-Herzegowina stellten sie hinter Serben und bosnischen Muslimen die drittstärkste Gruppe. Die Muslime galten entsprechend der großkroatischen Nationalideologie als »islamisierte Kroaten«, ja sogar als »reinster Teil« der kroatischen Nation, obwohl die überwältigende Mehrheit der Muslime kein Nationalbewusstsein besaß: weder ein kroatisches noch ein serbisches. Ihre Gemeinschaftsidentität war noch fast ausschließlich religiös geprägt. Einige Mitglieder der muslimischen Elite zeigten sich jedoch zur Zusammenarbeit mit dem Ustascha-Regime bereit und übernahmen hohe Positionen in der Regierung und im Machtapparat. Aufgrund dieser Kollaboration brachten sie ihre Glaubensbrüder und -schwestern in eine zunehmend prekäre Situation: Die Muslime wurden von der serbischen Bevölkerung nun als Gegner betrachtet und gerieten damit zwischen die Fronten von Kroaten und Serben.

Die serbische Bevölkerung des USK (insgesamt etwa zwei Millionen Menschen) setzte sich nach den Vorstellungen der Machthaber in Zagreb aus zwei Gruppen zusammen: aus »Abstammungskroaten«, deren Vorfahren den »falschen« Glauben angenommen hatten und die nun »re-katholisiert« werden mussten, und aus »Abstammungsserben«, die sich »zu Unrecht« auf »kroatischem« Boden aufhielten und daher umgesiedelt, vertrieben oder ermordet werden sollten. Gerade in Bosnien-Herzegowina, wo die Serben die stärkste Bevölkerungsgruppe stellten und das neue Regime ohnehin Probleme hatte, sein Machtmonopol durchzusetzen, gingen die Ustascha-Banden, die so genannten wilden Ustasche, sofort nach der Staatsgründung und oft mit Unterstützung ehemaliger katholischer Priester und Franziskanermönche mit unbeschreiblicher Brutalität gegen die serbische Bevölkerung vor. Der Kampf gegen die Serben nahm schnell die Form eines Genozids an. Der »Deutsche General« in Zagreb, Edmund Glaise von Horstenau, sprach in einem Brief an das Oberkommando der Wehrmacht von der »wahnsinnigen Ausrottungspolitik« der Ustascha-Bewegung. Deshalb waren es zunächst vor allem Serben, die in den Widerstand gingen und sich gegen das Ustascha-Regime organisierten, gegen die deutsche und die italienische Besatzungsmacht, die die Ustascha-Verbrechen stillschweigend oder offen duldeten, ja mitunter sogar dazu ermunterten (wie Hitler selbst), und gegen die Muslime (als vermeintliche Kollaborateure der Ustasche).

Zur Unübersichtlichkeit der Situation trug bei, dass der »Unabhängige Staat Kroatien« alles andere als unabhängig war, sondern kriegsrechtlich und faktisch ein deutsch-italienisches Besatzungsgebiet darstellte. Die Linie zwischen beiden Besatzungszonen verlief mitten durch Bosnien (siehe Karte auf S. 97). Die politischen und militärischen Repräsentanten der »Achse

Ustascha

Das Wort »Ustascha« (kroat.: ustaša, Plural: ustaše) bezeichnet ursprünglich einen Aufständischen. Nach Proklamierung der Königsdiktatur in Jugoslawien im Januar 1929 bildeten kroatische Extremisten im Exil die »Aufständische Kroatische Freiheitsbewegung«, die mit terroristischen Mitteln für einen (groß-)kroatischen Staat kämpfte und im April 1941 in Kroatien und Bosnien-Herzegowina an die Macht kam.

Berlin–Rom« im USK verfolgten unterschiedliche Ziele: sowohl gegenüber der kroatischen Regierung wie auch gegenüber der jüdischen Bevölkerung oder bei der Bekämpfung des Widerstandes. Darüber kam es zwischen Hitler und Mussolini wiederholt zu scharfen Auseinandersetzungen. Auch innerhalb beider Besatzungsapparate bestanden erhebliche Gegensätze, die den Verlauf des Bürgerkriegs beeinflussten.

Somit standen sich in Bosnien-Herzegowina eine Vielzahl verfeindeter Akteure gegenüber: das Ustascha-Regime mit seinem Militär- und Polizeiapparat, die »wilden Ustasche«, die einen Krieg auf eigene Faust führten, die deutsche und die italienische Besatzungsmacht (mit unterschiedlichen politischen und militärischen Konzepten), die Widerstandsbewegung, die sich in zwei Flügel teilte – einen serbisch-nationalistischen (Tschetniks) und einen kommunistischen Flügel (Tito-Partisanen) – sowie die zwischen alle Stühle geratenen bosnischen Muslime. Die Ustascha-Bewegung verlor schnell jeden Rückhalt in der Bevölkerung (auch bei einem großen Teil der kroatischen Bevölkerung). »Der Hass gegen sie ist kaum mehr zu überbieten«, notierte Glaise Horstenau Mitte Februar 1942. »Repräsentanten der Bewegung machen sich durch Überheblichkeit, Willkür, Raffsucht, Korruption stets aufs Neue unbeliebt. Zudem hören auch Untaten, Raub und Mord nicht auf.« Da sich die Regierung in Zagreb außerstande sah, die Muslime wirksam vor den Vergeltungsmaßnahmen der serbischen Tschetniks zu schützen, strebten einflussreiche Muslime nach einer Loslösung Bosnien-Herzegowinas von Kroatien oder zumindest nach einer weitreichenden Autonomie, womit sie sich auch den Hass der Ustasche zuzogen. Die Muslime stellten daher eigene Schutzverbände auf oder unterstützten Himmlers Pläne vom Februar 1943 zur Aufstellung einer »tunlichst aus Bosniaken mohammedanischer Religion« bestehenden SS-Division, die später den Namen 13. Waffen-Gebirgs-Division der SS »Handschar« (kroat. Nr. 1) erhalten sollte. Der Reichsführer SS war von der Idee einer »bosnischen Muselmanendivision« so fasziniert, dass er immer wieder auf die »prachtvollen Bosniaken und ihren Fez« zu sprechen kam. Intern (unter Ausklammerung des Auswärtigen Amtes und der »souveränen« kroatischen Regierung) ließ Himmler durchblicken: »Später einmal« müsse in Bosnien eine »SS-Wehrgrenze« geschaffen werden, »etwas anderes käme nicht in Frage«. Ende 1943 zählte die »Muselmanendivision« über 21 000 Soldaten und wurde zur Widerstandsbekämpfung im USK eingesetzt, wo neben Einheiten der Wehrmacht auch bereits die aus Jugoslawien-Deutschen rekrutierte 7. SS-Division »Prinz Eugen« operierte. Die in der zweiten Jahreshälfte 1944 begonnene Aufstellung einer weiteren »Muselmanendivision« (23. Waffen-Gebirgs-Division der SS »Kama«, kroat. Nr. 2) konnte dagegen nie zu Ende geführt werden.

Eine zentrale Bedeutung für den Verlauf des Bürgerkriegs hatte die Gegnerschaft zwischen den beiden Widerstandsbewegungen: den Tschetniks und den kommunistischen Partisanen. Die Gegnerschaft schlug sich in drei Bereichen nieder: 1. in Strategie und Taktik einschließlich der Folgenabwägung, 2. in ideologischen Gegensätzen, 3. in der unterschiedlichen Haltung zur nationalen Frage.

Eine kleine Gruppe von Offizieren und Unteroffizieren der jugoslawischen Armee unter Führung von Dragoljub »Draža« Mihailović hatte sich anlässlich der Kapitulation am 17. April 1941 geweigert, die Waffen zu strecken, und baute in der Folgezeit das Kommando der »Tschetnik-Verbände der Jugoslawischen Armee« auf. Das schwer zugängliche Waldgebirge der »Ravna gora« in Zentralserbien, das unter deutscher Militärverwaltung stand, wurde zum Hauptstützpunkt für die Vorbereitung und Durchführung der von einer wachsenden Zahl lokaler Widerstandsnester ausgehenden bewaffneten Kommandounternehmen gegen Repräsentanten und Einrichtungen der deutschen Besatzungsmacht in Serbien.

Von einem echten Widerstand konnte jedoch in den ersten Monaten nach dem Aprilkrieg noch keine Rede sein. Zum einen litten die serbisch-nationalen Kräfte von Anfang an unter Zersplitterung und Zwistigkeiten, zum anderen versuchte Mihailović zunächst, seine Gruppe klein zu halten: um nicht die Kontrolle über die Tschetnik-Verbände zu verlieren und um dem Gegner kein geeignetes Angriffsziel zu bieten. Seine Strategie beruhte auf einer Kombination von nationaler Widerstandsbewegung und der Hoffnung auf einen Großangriff der Westalliierten auf dem Balkan; sie setzte – in Auswertung der Erfahrungen des Ersten Weltkriegs – die Wiederauflage einer zweiten Front (ähnlich der Salonikifront) voraus. Bis zu diesem Zeitpunkt sollte eine schlagkräftige Organisation aufgebaut und die Position der Besatzungsmächte durch Sabotageakte geschwächt werden. Offenen, breit angelegten Widerstand lehnte Mihailović in der Vorbereitungsphase ab, da er wusste, dass bewaffnete Aktionen nach geltendem Kriegsrecht mit Repressalien geahndet werden konnten. Hiervon hatten die deutschen Einheiten in Serbien im Herbst 1941 unverhältnismäßig brutalen Gebrauch gemacht. Bis zur Konferenz von Teheran (28. November bis 1. Dezember 1943) wurde Mihailović von der jugoslawischen Exilregierung in London und von den Alliierten (einschließlich der Sowjetunion) als rechtmäßiger Führer des Widerstands anerkannt. Allerdings besaß Mihailović für den Fall, dass die Alliierten keine zweite Front auf dem Balkan eröffnen würden, keine Alternativstrategie. Lange, zu lange ging er davon aus, dass seine Einheiten zusammen mit den Alliierten nicht nur die Besatzungsmächte und ihre (kroatischen und muslimischen) Kollaborateure vernichten, sondern auch die Kommunisten liquidieren würden. Im Verlauf des Jahres 1943 zeigte sich, dass diese Rechnung nicht aufging. Der Kampf gegen die Kommunisten erhielt daher absoluten Vorrang vor dem Kampf gegen die – ohnehin dem Untergang geweihten – »Faschisten«.

Mihailović geriet mit seiner Strategie in Konflikt zu der von der Kommunistischen Partei Jugoslawiens (KPJ) organisierten und von Tito geführten zweiten Widerstandsbewegung, die nach dem deutschen Überfall auf die Sowjetunion den Kampf gegen die Besatzungsmächte in Jugoslawien aufgenommen hatte. Die von den deutschen Truppen in Serbien meist willkürlich vorgenommen Geiselerschießungen bis Ende 1941 kamen den Kommunisten gelegen und wurden von ihnen mitunter bewusst provoziert, weil damit die Empörung in der Bevölkerung geschürt und die Widerstandsbereitschaft verstärkt wurde. Mihailović und seine engsten Vertrauten strebten als Monarchisten und serbische Nationalisten die Restauration des früheren jugoslawischen Regimes, die Bildung eines vergrößerten Jugoslawien und darin die Schaffung eines »ethnisch reinen Großserbien« an. Auch wenn die konkreten politischen Ziele, etwa die Umsiedlung respektive Vertreibung von »nationalen Minderheiten und anationalen Elementen« (insgesamt rund 2,7 Millionen Menschen) aus Jugoslawien und »Großserbien«, gegenüber der Öffentlichkeit kaschiert wurden, waren die nationalserbische Stoßrichtung und das Verlangen nach Kollektivbestrafung der einheimischen »Verräter« offensichtlich. Die Folge war eine zunehmende nationale Polarisierung der Bevölkerung (die mit umgekehrten Vorzeichen auch vom Ustascha-Regime betrieben wurde). Die restaurative Zielsetzung und nationale Exklusivität der Tschetnik-Bewegung machte eine Verständigung mit dem kommunistisch und jugoslawisch orientierten Widerstandsflügel aussichtslos – trotz einer kurzen Phase der Zusammenarbeit im Herbst 1941. Zwischen der »Offensivtaktik« der Kommunisten (Widerstand um jeden Preis) und der »Defensivtaktik« Mihailovićs (Zurückhaltung bis zum Beginn der alliierten Großoffensive) gab es ebenso wenig einen Kompromiss wie zwischen Revolution und Restauration, Zentralismus und Föderalismus, Großserbismus und Jugoslawismus. Die tiefen Gegensätze zwischen den nationalen Konzepten und politischen Ideologien der beiden Widerstandsbewegungen rückten den Kampf gegen den gemeinsamen Feind entweder mehr (bei den Tschetniks) oder weniger (bei den kommunistischen Partisanen) in den Hintergrund.

Wie stellte sich diese unübersichtliche und konfliktgeladene Situation für die Bevölkerung in Bosnien-Herzegowina dar? Welche Optionen boten sich denjenigen Menschen, die – aus welchen Gründen immer – in Gegnerschaft zum Regime standen oder sich bedroht fühlten? Ein Serbe hatte die Wahl zwischen Tschetniks und kommunistischer »Volksbefreiungsbewegung«. Ideologische Unterschiede spielten dabei nur eine untergeordnete Rolle, denn die Mehrheit der Widerstandskämpfer auf beiden

Seiten der Front waren Bauern, die zumeist nicht einmal lesen und schreiben konnten. Wer »in die Wälder« ging, schloss sich in der Regel derjenigen Gruppierung an, die dort zufällig operierte. Und sofern sich die Verhältnisse änderten, wechselte man die Front. Ein regimefeindlicher Kroate und ein bosnischer Muslim hatten dagegen keine echte Wahl. Für sie kam nur die transnationale »Volksbefreiungsbewegung« in Frage, da die Tschetniks mit ihrer dezidiert antikroatischen und antimuslimischen Stoßrichtung als Option ausschieden. Die von den Kommunisten propagierte Nachkriegsordnung: die Anerkennung und Gleichberechtigung aller jugoslawischen Nationen, die Umgestaltung Jugoslawiens in einen Bundesstaat mit Bosnien-Herzegowina als künftigem Bundesland, die Respektierung des kleinbäuerlichen Privatbesitzes und der Slogan »Brüderlichkeit und Einheit« (bratstvo i jedinstvo) übten eine starke Anziehungskraft auf diejenigen aus, die durch die nationalistischen Gewaltexzesse verunsichert und schockiert waren. Hinzu kam, dass die Partisanen sehr viel effizienter agierten als die Tschetniks, dass sie besser organisiert waren und dass sie in den von ihnen befreiten Gebieten zivile Strukturen aufbauten, die bemerkenswert gut funktionierten. Der »Hass« zwischen den Völkern Jugoslawiens war weder im Zweiten Weltkrieg noch in den 1990er Jahren die Ursache der innerjugoslawischen Konflikte, sondern allenfalls deren Folge.

1943 war das Jahr der Wende im jugoslawischen Bürgerkrieg. Mit der am 20. Januar 1943 angelaufenen »Operation Weiß« beabsichtigte die deutsche Führung, in Verbindung mit italienischen und kroatischen Verbänden das Gros von Titos Befreiungsarmee in Südkroatien und Westbosnien zu vernichten sowie die Tschetniks zu entwaffnen. Drei Wochen benötigte Titos Hauptarmee, um sich durch die italienischen Stellungen über das zentralbosnische Hochland zum Neretva-Fluss durchzuschlagen, wo sie fast einen Monat lang in einen Existenzkampf mit den Tschetniks verwickelt wurde. Befreiungskrieg und Bürgerkrieg waren hier bereits untrennbar miteinander verwoben. Die Mihailović-Bewegung erlitt in der Schlacht an der Neretva eine schwere Niederlage, von der sie sich nie wieder erholte. Der »Operation Weiß« folgte Mitte Mai 1943 die deutsch-italienische »Operation Schwarz« gegen die Tito-Verbände im montenegrinischen Raum. Wiederum gelang es der »Volksbefreiungsarmee« unter schweren Verlusten, die feindliche Umklammerung in der schon bald legendären Schlacht an der Sutjeska (Bosnien) zu durchbrechen. Mit den Schlachten an Neretva und Sutjeska sowie mit Niederlage und Entwaffnung großer Tschetnik-Verbände durch die Partisanen waren die Würfel im jugoslawischen Bürgerkrieg endgültig zugunsten Titos gefallen: militärisch und politisch.

Auf der zweiten Sitzung des »Antifaschistischen Rates der Volksbefreiung Jugoslawiens« (AVNOJ) vom 29./30. November 1943 im bosnischen Jajce wurde neben dem künftigen Umbau Jugoslawiens in eine Föderation auch die Gründung einer provisorischen Regierung unter der Präsidentschaft Titos beschlossen. Der königlich-jugoslawischen Exilregierung in London wurden alle Befugnisse abgesprochen. Am 30. November, gerade als die Alliierten zur Konferenz von Teheran zusammentrafen, ließ Tito die getroffenen Beschlüsse an die sowjetische Führung übermitteln. Stalin war wütend und bezeichnete die Bildung der provisorischen Regierung als »Dolchstoß in den Rücken der Sowjetunion«. Überraschenderweise reagierten die Briten wesentlich gelassener. Bereits seit Mitte Mai 1943 befand sich eine britische Militärmission in Titos Hauptquartier, wo sie Zeuge heftiger Kämpfe zwischen der Volksbefreiungsarmee und den Besatzungsmächten sowie Tschetniks geworden war. Ihre Berichte an Churchill verfehlten ihre Wirkung nicht. Auf der Konferenz der »Großen Drei« in Teheran wurde deutlich, dass die westlichen Alliierten zur militärischen Anerkennung Titos und zur Aufgabe der Mihailović-Bewegung bereit waren.

Mihailović hoffte dennoch bis Kriegsende, dass die Westalliierten Jugoslawien vom Kommunismus befreien würden. Bis zuletzt kämpften er und seine Anhänger gegen Titos Partisanen und die neue Staatsmacht. Dabei kam es zu einem weitgehenden Wechsel der Allianzen. Nachdem Hitler erkannt hatte, dass die von ihm lange befürchtete alliierte Balkanfront ausblieb, gab er seinen Widerstand gegen eine Zusammenarbeit mit den Tschetniks auf. Was nun entstand, war ein Zweckbündnis, mit dem beide »Partner wider Willen« ihre eigenen Ziele verfolgten. Selbst zwischen den Ustascha-Verbänden, der kroatischen Armee und den Tschetniks kam es zu partieller und lokaler Zusammenarbeit, durch die die grundsätzliche Feindschaft ebenfalls nicht aufgehoben wurde. Die zentrale Achse, um die sich nun alles drehte, war die Todfeindschaft zwischen den Kommunisten und ihren Gegnern.

Etwa eine Million Männer, Frauen und Kinder verloren während des Zweiten Weltkriegs in Jugoslawien ihr Leben, viele davon infolge des Bürgerkriegs. Die höchsten Verluste (in absoluten Zahlen gerechnet) hatten die Einwohner Bosnien-Herzegowinas und Kroatiens zu beklagen. Bezogen auf die jeweilige Gesamtbevölkerung betrugen sie in Bosnien-Herzegowina über 10 Prozent, in Montenegro und Kroatien über 7 Prozent und im engeren Serbien weniger als 5 Prozent. Mit mehr als einer halben Million Menschen stellten die Serben (vor allem in Bosnien-Herzegowina und Kroatien) den größten Anteil unter den Opfern, gefolgt von den Kroaten mit annähernd 200 000 und den bosnischen Muslimen mit 100 000 Toten. Setzt man diese Angaben in Beziehung zur Gesamtzahl der jeweiligen Bevölkerungsgruppe, so hatten die bosnischen Muslime mit gut 8 Prozent den höchsten Blutzoll entrichtet – vor den Serben mit über 7 Prozent sowie Kroaten und Montenegrinern mit jeweils 5 Prozent. Die Diskussion über die Höhe und die nationale Zugehörigkeit der Kriegstoten war nach 1945 tabu. (Offiziell wurde von mindestens 1,7 Millionen Toten gesprochen.) Doch seit Ende der 1980er Jahre entbrannte ein wütender Streit um die Zahl der jeweiligen Opfer, den die Scharfmacher in Serbien, Kroatien und Bosnien-Herzegowina zur Entfachung des nationalen Hasses äußerst wirkungsvoll instrumentalisierten.

Holm Sundhaussen

Literaturempfehlungen:

Klaus Schmider, Partisanenkrieg in Jugoslawien 1941–1944, Hamburg [u.a.] 2002

Lexikon zur Geschichte Südeuropas. Hrsg. von Edgar Hösch, Karl Nehring und Holm Sundhaussen, Wien [et al.] 2004

Holm Sundhaussen, Die Ethnisierung von Staat, Nation und Gerechtigkeit. Zu den Anfängen nationaler »Homogenisierung im Balkanraum«. In: Auf dem Weg zum ethnisch reinen Nationalstaat? Hrsg. von Mathias Beer, Tübingen 2004, S. 69–90

DHM

Filmplakat »Bitka na Neretvi« (Die Schlacht an der Neretva), Regie: Veljko Bulajić, Jugoslawien 1969. Im Spielfilm waren neben populären jugoslawischen Leinwandstars auch Curd Jürgens, Hardy Krüger, Yul Brynner und Orson Welles zu sehen. Zahlreiche Kriegsfilme transportierten den Mythos der Partisanenbewegung. Das Andenken an deren heldenhaften Kampf sowie der »antifaschistische Grundkonsens« bildeten wesentliche Klammern für den Zusammenhalt Jugoslawiens.

Der Partisanenmythos in Jugoslawien

Die langjährige Herrschaft Titos, der seit 1945 als Ministerpräsident und von 1953 bis zu seinem Tod im Jahr 1980 als Staatspräsident regierte, hat Jugoslawien und dessen Nachfolgestaaten seinen Stempel aufgedrückt. Die Entwicklung des Landes prägten der »Dritte Weg« zum Sozialismus, aber ebenso die Erinnerung an den Zweiten Weltkrieg. Noch heute gibt es an vielen Orten im ehemaligen Jugoslawien unübersehbare Zeichen dieser Vergangenheit: Große, aber auch bescheidenere Denkmäler auf zentralen Plätzen erinnern an den heldenhaften Widerstand gegen die deutsche und italienische Okkupation, an den Einsatz von Tito-Partisanen im Kampf um die staatliche Unabhängigkeit und an die Gefallenen, die für die – sozialistische – Heimat ihr Leben gaben. Die Zahl dieser Monumente im sozialistischen Jugoslawien war immens, allein in Bosnien-Herzegowina waren es über 4000. Ob mit voller Absicht, aus einem »antifaschistischen« Grundkonsens heraus, aus Rücksicht auf sozialistische Kreise, ob schlicht vergessen oder von den lokalen Behörden als unbedeutend abqualifiziert: Viele dieser Denkmäler überlebten das Ende des Sozialismus und erinnern noch immer an die Entstehung Tito-Jugoslawiens während des Zweiten Weltkrieges. Sie transportieren damit den Mythos jener Zeit und der mit ihr verbundenen Kämpfer für die Sache Titos, der Partisanen, in die Gegenwart.

Der Zweite Weltkrieg: Besatzung und Partisanenkampf

Am 6. April 1941 griff die Wehrmacht, unterstützt durch italienische, ungarische und bulgarische Divisionen, ohne Kriegserklärung Jugoslawien an, das nach wenigen Tagen kapitulierte. Jugoslawien wurde als Staat zerschlagen und sein Territorium in mehrere Besatzungszonen aufgeteilt: Serbien wurde unter deutscher Besatzung eine kollaborationswillige serbische Zivilverwaltung an die Spitze gestellt, Kroatien erhielt als »Unabhängiger Staat Kroatien« (Nezavisna Država Hrvatska, NDH) unter Ein-

Josip Broz »Tito«, 1892–1980

Russ. Kriegsgefangenschaft im Ersten Weltkrieg; Konfrontation mit der Revolution in Petrograd, Anschluss an die »Rote Garde«; fünfjährige Haftstrafe als führendes Mitglied der Kommunistischen Partei Jugoslawiens (KPJ) in Kroatien; Untergrundtätigkeit; Organisation jugoslawischer Freiwilliger (Kommunisten) für den Spanischen Bürgerkrieg; 1941 Leiter des Hauptstabs der Volksbefreiungs- und Partisaneneinheiten gegen die Besatzer. 1943 Marschall von Jugoslawien; ab 1948 Abgrenzung vom Kommunismus stalinistischer Prägung; Etablierung Jugoslawiens als »blockfreier« Staat; ab 1963 Staatspräsident auf Lebenszeit.

schluss von Bosnien eine an NS-Deutschland orientierte Marionettenregierung. Bulgarien dehnte sein Gebiet nach Mazedonien aus, während Italien Teile Dalmatiens, mehrere Adriainseln sowie die Bucht von Kotor und den Südteil Sloweniens einschließlich Ljubljana annektierte. Der Norden Sloweniens wurde vom Deutschen Reich »angeschlossen«. Ungarn annektierte die Baranja, die Bačka, das Über- und das Zwischenmurgebiet, während Teile von Montenegro wie auch Albanien, das um den Kosovo und Mazedonien erweitert wurde, von Italien besetzt und verwaltet wurden.

Die Absicht, eine »ethnische Homogenisierung« herbeizuführen und dazu unerwünschte Bevölkerungsgruppen zur Abwanderung zu zwingen, kennzeichnete vielerorts die Besatzungszeit. Einige Tausend Slowenen wichen in das liberalere italienische Besatzungsgebiet aus, serbische und montenegrinische Bewohner des Kosovo wurden von Albanern vertrieben, während allein bis zum September 1941 Serbien über 118 000 Flüchtlinge aus Kroatien verzeichnete. Insgesamt waren in allen Besatzungsgebieten Jugoslawiens die Verhältnisse für viele Einwohner bedrückend; für Serben in Kroatien sowie für verfolgte Minderheiten wie Juden und Roma in den deutsch beherrschten Gebieten waren sie lebensbedrohlich.

Aus dieser Situation heraus gelang es Josip Broz »Tito«, die Grundlage für seine spätere Machtübernahme in Jugoslawien zu schaffen, wenn auch die Voraussetzungen dafür längere Zeit wenig günstig schienen und erst eine Reihe von Rückschlägen überwunden werden mussten. Welche Umstände führten dazu, dass Tito, der 1938 von Stalin zum Generalsekretär der bisher in der Illegalität agierenden Kommunistischen Partei Jugoslawiens (Komunistička Partija Jugoslavije, KPJ) ernannt worden war, am Ende des Krieges zum führenden Kopf der jugoslawischen Partisanenbewegung aufstieg?

Im Juli 1941, nach dem Angriff der Wehrmacht auf die Sowjetunion, entschloss sich das Zentralkomitee der KPJ zum Partisanenkrieg. Funktionäre wurden in die verschiedenen Regionen Jugoslawiens geschickt, um möglichst breite Kreise der Bevölkerung im Sinne einer »Volksfront gegen den Faschismus« zu mobilisieren. Die Mehrheit der sich ihr anschließenden Personen besaß allerdings kaum militärische Erfahrung. Eine Ausnahme bildete eine kleine Gruppe, die bereits im Spanischen Bürgerkrieg (1936–1939) bei den kommunistischen »Internationalen Brigaden« gekämpft hatte und die Kommandostellen besetzte. Tito selbst hatte eine wesentliche Rolle bei der Organisation der jugoslawischen Freiwilligenbataillone für Spanien gespielt.

Im August 1941 begannen die deutschen Besatzer mit dem »Angriffskampf gegen die kommunistischen Terrorbanden«. Die deutsche Antwort auf den bewaffneten Widerstand bestand in großangelegten Offensiven, welche die Partisanen erheblich in Bedrängnis, aber dennoch nicht zum Aufgeben brachten. Massenhinrichtungen von Zivilisten, die in Reaktion auf Sabotageakte oder Angriffe der Partisanen erfolgten, kennzeichneten den Versuch, mittels brutaler Gewalt dem Partisanenproblem im rückwärtigen Raum Herr zu werden. Massaker an der serbischen Bevölkerung in Kragujevac und Kraljevo (Serbien) 1941, wo einige Tausend unbeteiligte Zivilisten kollektiv als Vergeltungsmaßnahme für Partisanenangriffe hingerichtet wurden, stehen stellvertretend für die rücksichtslose deutsche Herrschaft.

Die Tito-Bewegung war nicht die einzige Widerstandskraft in Jugoslawien. Neben einigen lokalen, wenig bedeutenden Untergrund-Gruppierungen stellte der serbische Oberst Draža Mihailović (1893–1946) in den ersten Kriegsmonaten eine nationalserbische, königstreue und antikommunistische Truppe auf, die in Anknüpfung an die Aufständischen im Osmanischen Reich unter der Bezeichnung »četnici« (von »četa« = Schar, das einzelne

Mitglied heißt »četnik«) zusammengefasst wurden. Die Angaben über die Truppenstärke der Mihailović-Tschetniks schwanken zwischen 60 000 und 150 000 Mann. Ihr Führer zielte – im Gegensatz zum kommunistischen Programm Titos – auf ein monarchistisches Jugoslawien ab und stand in enger Verbindung zur jugoslawischen Exilregierung in London unter König Petar II. Während der gesamten Kriegszeit blieb die Front zwischen Tito-Partisanen und Mihailović-Tschetniks ein Teil des Bürgerkrieges in Jugoslawien (siehe den Beitrag »Krieg und Bürgerkrieg 1941–1945«). Die britische Regierung setzte bis zum Frühjahr 1943 zunächst auf Mihailović als Führer des jugoslawischen Widerstands, ließ ihn aber – wie dann auch Stalin – zugunsten Titos fallen.

Mit der Kapitulation Italiens im September 1943 kam für die Partisanen die entscheidende Wende, da ihnen große Mengen Waffen und Gerät in die Hände fielen. Damit nahmen auch die militärischen Erfolge zu. Die von den Partisanen beherrschten Gebiete in Dalmatien, Slowenien, der Herzegowina, in Montenegro und in Mazedonien dehnten sich aus. Mit Blick auf die politische Gestaltung Jugoslawiens nach dem Krieg unternahmen Tito und seine Mitarbeiter im Politbüro des Zentralkomitees der KPJ einige zukunftsweisende Schritte. Der bereits im November 1942 gegründete Antifaschistische Rat der Volksbefreiung Jugoslawiens (Antifašističko vijeće Narodnog oslobodjenja Jugoslavije, AVNOJ) erklärte sich im November 1943 zum höchsten gesetzgebenden Organ eines zukünftigen, föderativen Jugoslawien.

Dennoch bedurfte es noch einige Zeit, bis sich Tito endgültig durchsetzen konnte. Im Mai 1944 zwang ihn eine deutsche Offensive zum Rückzug auf die Insel Vis. Im Sommer glückte den Partisanen jedoch von Bosnien aus ein Vorstoß bis nach Serbien. Im Herbst 1944 erfolgte die Einnahme Serbiens, im Oktober 1944 besetzten die Rote Armee und Partisanenverbände Belgrad.

In den von den Partisanen eroberten Gebieten übernahmen nach sowjetischem Vorbild »Volksbefreiungsausschüsse« die politische Gewalt und begannen unverzüglich, mit ihren Gegnern abzurechnen. Mihailović wurde als »Verräter und Kriegsverbrecher« im Juni und Juli 1946 in Belgrad der Schauprozess gemacht, an dessen Ende seine Exekution stand; auch viele seiner Anhänger und Mitstreiter wurden hingerichtet. Insgesamt verloren nach Kriegsende in Jugoslawien einige Zehntausend Personen gewaltsam ihr Leben, unter anderem bei den berüchtigten Todesmärschen, denen neueren Schätzungen zufolge zwischen 45 000 und 50 000 Kroaten zum Opfer fielen; etwa 8000 slowenische antikommunistische Weißgardisten wurden in der Gottschee (Kočevje; ehemalige deutsche Sprachinsel im heutigen Slowenien) ermordet; ein Teil der »Volksdeutschen«, die ebenfalls als Volksfeinde galten, kam in Lagern um.

Der Partisanenmythos nach 1945

Die Partisanen wurden nach dem Krieg für ihre Verdienste um das »zweite« Jugoslawien belohnt: Ähnlich wie in Albanien besetzten auch in Jugoslawien ehemalige Partisanenführer die hohen politischen Ämter. Partisanen genossen staatliche Privilegien wie verbilligte Reisemöglichkeiten, hochwertige Wohnungen sowie Ausbildungsmöglichkeiten für ihre Kinder, den vorgezogenen Bezug der Renten und anderes. Nahezu jede größere Ortschaft in Jugoslawien wurde dazu angehalten, ihre Partisanen-Helden durch Denkmäler zu ehren. Ihre Verdienste wurden bei vielen öffentlichen Veranstaltungen gewürdigt, so dass sie bald im Mittelpunkt des vom Regime gesteuerten Gedenkens an den Krieg standen. Militärparaden an den Jahrestagen der Schlachten dienten dazu, den Wehrwillen Jugoslawiens zur Schau zu stellen. Hinzu kam ein militärischer Kult, der sich auch im Alltag niederschlug. Militärischer Drill war Teil der Erziehung von Kindern und Jugendlichen, die ab der ersten Klasse als »Pioniere« organisiert und in den Schulen auch militärisch unterwiesen wurden. Der Kult um die Partisanen war ein wichtiges Element des Staatsgründungsmythos Jugoslawiens. Er wurde in unzähligen Spielfilmen, in der Literatur bis hin zu Comics beharrlich gepflegt und verbreitet.

Die bewusste Konstruktion des Partisanenmythos, d.h. die Idealisierung und Verklärung der Partisanen sowie ihres Kampfes im Zweiten Weltkrieg, diente zusammen mit dem Führerkult um Tito der Rechtfertigung des absoluten Machtanspruchs der kommunistischen Machthaber. Ebenso sollten damit von inneren politischen, sozialen und wirtschaftlichen Widersprüchen wie auch von historischen Konflikten abgelenkt werden, die den

Zusammenhalt des jugoslawischen Staates insgesamt gefährdeten.

Dem Partisanenmythos zufolge hatte ausschließlich der Einsatz der Partisanen unter der Führung Titos den Sieg im »Volksbefreiungskrieg« und die Neugründung des jugoslawischen Staates ermöglicht. Die »Brüderlichkeit« der während des Krieges gemeinsam kämpfenden jugoslawischen Völker war ein zentraler Bestandteil dieser Konstruktion. Dabei hatte sich die Partisanenarmee Titos zwar in der Tat als Bewegung der jugoslawischen Völker betrachtet und infolgedessen Angehörige aller Völker angezogen. Allerdings waren keineswegs alle Partisanen bedingungslose Anhänger der kommunistischen Ideologie gewesen.

Mit der Idealisierung der Partisanen verbunden war die politische Instrumentalisierung der jugoslawischen Geschichte, die teilweise uminterpretiert und den politischen Vorgaben angepasst wurde. Um einen wahren Kern gruppierten sich fiktive und umgedeutete Aussagen – propagandistisch genutzt und letztlich für den Machterhalt der herrschenden »neuen Klasse« (Milovan Djilas) eingesetzt. Hierzu gehörte auch die Schwarzweißmalerei in der Geschichtsdarstellung. Die »gute Seite« verkörperten die kommunistischen Partisanen, an denen keinerlei Zweifel geübt und zugelassen wurde. Andere Widerstandsgruppen wurden unter der Bezeichnung »Quislinge« als Kollaborateure diffamiert oder totgeschwiegen, mithin auch als Opfer aus dem offziellen kollektiven Gedächtnis gestrichen. Denn einzig die Partisanen seien es gewesen, die sich heldenmütig im Kampf gegen die faschistischen Besatzer und deren Verbündete, die Ustascha und die Mihailović-Tschetniks, durchgesetzt hätten.

Die von den Besatzungsregimen begangenen Verbrechen während des Krieges unterstrichen die Berechtigung der politischen Mission der Partisanen, für deren Ziele jedes Mittel erlaubt schien. Absichtlich wurden in der parteigelenkten Geschichtsschreibung aber eigene Verbrechen und der Bürgerkriegscharakter der Kämpfe zwischen den Partisanen und den Tschetniks verschwiegen. Auch die Tatsache, dass die Regierung unter Tito nach Kriegsende eine blutige Abrechnung mit ihren Kriegsgegnern betrieb, die Zehntausende das Leben kostete, durfte nicht thematisiert werden. Die Entmachtung enger Weggefährten aus der Kriegszeit, die später zu Kritikern Titos wurden, wie des Parteifunktionärs Andrija Hebrang (1889–1949), der angeblich Selbstmord beging, und des einstigen »Lieblings der Partei« Milovan Djilas (1911–1995), der lange Jahre inhaftiert war, fand keinen Eingang in die parteigesteuerte Geschichtsschreibung (siehe die Literaturhinweise im Serviceteil). Eine differenzierte Erforschung des Zweiten Weltkrieges in Jugoslawien war nicht gestattet und begann erst in den 1980er Jahren – nunmehr jedoch oft verbunden mit nationalistischen Sichtweisen vor allem in Kroatien und Serbien.

Der Partisanenmythos hatte nach dem Bruch Titos mit Stalin 1948 sogar noch an Bedeutung gewonnen, denn nunmehr wurde die Rolle der Roten Armee bei der »Befreiung« jugoslawischer Gebiete ab 1944 heruntergespielt. Der Partisanenmythos, das Machtmonopol der Kommunistischen Partei, die »sozialistische Marktwirtschaft«, die »Blockfreiheit« als Ziel der Außenpolitik und die Föderalisierung des Staates, die propagandistisch von der Losung der »Brüderlichkeit« der jugoslawischen Nationen und Nationalitiäten begleitet wurde, und nicht zuletzt die alles überragende politische Stellung Titos kennzeichneten die jugoslawische Politik in den folgenden Jahrzehnten. Allerdings erstarrte der Partisanenmythos bereits Ende der 1970er Jahre; er konnte ebenso wenig wie der Kult um Tito die zunehmenden ökonomischen Schwierigkeiten und sozialen Spannungen und schließlich die nationalen Konflikte überdecken, die sich sich in den 1980er Jahren verschärften.

Als der jugoslawische Staat Ende der 1980er/Anfang der 1990er Jahre zerfiel, begann der Partisanenmythos in zwei neue Richtungen zu wirken. Einerseits wandten alle Seiten in den neuen militärischen Konflikten neben den Methoden der konventionellen Kriegführung auch die des Partisanenkampfes an: Nach 1945 waren weite Kreise der Bevölkerung auf die Invasion einer äußeren Macht vorbereitet worden, indem man sie für den Partisanenkampf schulte. Als der Bürgerkrieg ausbrach, ließen sich diese Kenntnisse nun im »Bruderkampf« einsetzen.

Aber auch im Ausland hatte der Partisanenmythos offenbar seine Spuren hinterlassen. Die westlichen Staaten scheuten sich lange Zeit, mit Bodentruppen im ehemaligen Jugoslawien einzugreifen, um die zunehmenden Gewaltexzesse vor allem in Bosnien-Herzegowina zu beenden. Ihnen war der Partisanenkrieg des Zweiten Weltkrieges noch zu gut in Erinnerung. Führende Politiker und Militärs fürchteten, in jahrelange, verlustreiche Kleinkämpfe verwickelt zu werden. Waffenembargos sowie Waffenlieferungen an ausgewählte Kriegsparteien und der Einsatz von Kampfflugzeugen (in Bosnien 1995 und gegen Serbien 1999) schienen denjenigen, die überhaupt intervenieren wollten, letztlich risikoärmere und erfolgversprechendere Methoden zu sein.

Die Diskussion über die sozialistische Vergangenheit und darüber, wie man mit ihr umgehen soll, herrscht in den jugoslawischen »Nachfolgestaaten« noch an; sie wird mehr oder weniger lebhaft geführt. Die Sichtweisen reichen von einer pauschalen Verdammung der sozialistischen Vergangenheit – verbunden mit einer Hinwendung zu nationalistischen Betrachtungen – bis zu einer nostalgischen Verklärung Tito-Jugoslawiens.

Katrin Boeckh

Literaturempfehlungen:

Milovan Djilas, Der Krieg der Partisanen. Jugoslawien 1941–1945. Memoiren, Wien [u.a.] 1978

Klaus Schmider, Partisanenkrieg in Jugoslawien 1941–1944, Hamburg [u.a.] 2002

Holm Sundhaussen, Jugoslawien und seine Nachfolgestaaten. Konstruktion, Dekonstruktion und Neukonstruktion von »Erinnerungen« und Mythen. In: Mythen der Nationen. 1945 – Arena der Erinnerungen. Begleitbände zur Ausstellung des Deutschen Historischen Museums, Bd 1, Berlin 2004, S. 373–426

Jugoslawien im Zweiten Weltkrieg

MGFA/Keßelring

Gefallene Ikone aus jugoslawischer Zeit: Statue von *Djuro Pucar »Stari«* (1899–1979). Der Weggefährte Titos war von 1943 bis 1965 Vorsitzender des Zentralkomitees der Kommunistischen Partei in Bosnien-Herzegowina.

Der Zerfall Jugoslawiens

Das Königreich der Serben, Kroaten und Slowenen (Kraljevina Srba, Hrvata i Slovenaca, SHS, seit 1929 Jugoslawien) war 1918 als Ergebnis des Zusammenbruchs der osmanischen und habsburgischen Herrschaft aus sehr unterschiedlichen historischen Regionen zusammengefügt worden. Aufgrund seiner großen ethnisch-religiösen Vielfalt, verschiedenster historisch-politischer Traditionen sowie eines enormen wirtschaftlichen Entwicklungsgefälles hat es Zeit seines Bestehens an mangelndem inneren Zusammenhalt gelitten.

Die jugoslawischen Kommunisten, die unter Führung Josip Broz Titos nach dem Zweiten Weltkrieg die Macht übernahmen, haben die Gleichberechtigung der Völker Serbiens, Kroatiens, Sloweniens, Mazedoniens, Montenegros sowie Bosniens und der Herzegowina zum Gründungsprinzip des neuen Jugoslawien erhoben. Die Kommunisten erkannten in den 1940er Jahren zunächst die Mazedonier, in den 1960er Jahren auch die bosnischen Muslime (Bosniaken) als eigenständige und staatsbildende Völker an. Die bosnischen Muslime sind Nachfahren jener Südslawen, die während der Türkenherrschaft zum Islam übergetreten waren, zum Teil aus Zwang, zum Teil um politische und wirtschaftliche Privilegien zu erlangen. Aufgrund ihres Sonderstatus und ihrer Religion entwickelten sie im Verlauf der Jahrhunderte eine besondere nationale Identität. Serbische und kroatische Wissenschaftler haben immer wieder die These vertreten, dass die bosnischen Muslime in Wahrheit islamisierte Kroaten oder Serben seien. Unter seriösen Fachleuten ist aber heute unumstritten, dass man die Bosniaken als eigenständiges Volk anerkennen muss.

Die jugoslawische Verfassung unterschied zwischen sechs Staatsvölkern (Slowenen, Kroaten, bosnische Muslime, Serben, Montenegriner, Mazedonier) sowie nationalen Minderheiten (also Volksgruppen, die, wie Deutsche, Ungarn und Albaner, bereits außerhalb Jugoslawiens ein »Mutterland« besaßen). Die Minderheiten erhielten weitreichende Rechte, die international lange Zeit als vorbildlich galten. Die Kommunisten räumten schließlich auch die Möglichkeit ein, sich keiner dieser Gruppen zuzuordnen. So entstand die Kategorie der (meist aus ethnischen Mischehen stammenden) »Jugoslawen«, die sich ausschließlich als Staatsbürger Jugoslawiens begriffen.

In vielen Regionen Jugoslawiens lebten die Völker so vermischt, dass sich keine klaren ethnischen oder sprachlichen Grenzen ziehen ließen: In den 1980er Jahren machten in Slowenien die Slowenen rund 90 Prozent der Bevölkerung aus; in Kroatien lag der Anteil der Kroaten bei 75 Prozent, in Serbien stellten die Serben etwa 66 Prozent. Die Mazedonier erreichten kaum 67 Prozent, die Montenegriner gut 68 Prozent des Bevölkerungsanteils »ihrer« Republik. In Bosnien-Herzegowina setzte sich die Bevölkerung aus 44 Prozent Muslimen, 31 Prozent Serben und 17 Prozent Kroaten zusammen.

Das jugoslawische Wirtschaftswunder, das aus dem Partisanenmythos (siehe Beitrag »Der Partisanenmythos in Jugoslawien«) geborene Prinzip von »Brüderlichkeit und Einigkeit« (bratstvo i jedinstvo) sowie das hohe internationale Ansehen Titos hatten die aus der Vielfalt Jugoslawiens entstehenden Spannungen verdeckt, jedoch nie ganz überwinden können. Vor dem Hintergrund einer tiefgreifenden wirtschaftlichen und politischen Systemkrise sind sie in den 1980er Jahren offen zum Ausbruch gekommen.

Die Gründe, die schließlich zur Auflösung Jugoslawiens führten, sind politischer, wirtschaftlicher, rechtlicher und sozialpsychologischer Natur:

Die unbewältigte Vergangenheit: Die von Ustascha-Anhängern begangenen Gräuel an Serben und Muslimen, die Untaten der Tschetniks an Kroaten und Muslimen, aber auch die Generalabrechnung der kommunistischen Partisanen mit ihren politischen Gegnern bei Kriegsende hatten tiefe Spuren im historischen Gedächtnis der jugoslawischen Völker hinterlassen. Um den inneren Frieden im Vielvölkerstaat nicht durch gegenseitige Schuldzuweisungen zu gefährden, blieb eine echte Auseinandersetzung mit den nationalistischen Ausschreitungen und besonders mit dem Bürgerkrieg 1941–1944 tabu (siehe Beitrag »Krieg und Bürgerkrieg 1941–1945«). So entstand ein idealer Nährboden für nationalistische Ideologien und Feindbilder. Leicht konnten verdrängte Gefühle wie Ohnmacht, Trauer, Verbitterung und Wut bei denen geweckt werden, die während des Krieges Freunde oder Familienangehörige verloren hatten oder vom Hörensagen von den Kriegsgräueln wussten.

Ethnische Vorurteile und Feindbilder: Obwohl die Kommunisten versucht hatten, die nationalen Gegensätze mit der Parole »Brüderlichkeit und Einheit« zu verdrängen, lebten Vorurteile und Feindbilder fort. Soziologische Untersuchungen zeigen, dass Angehörige anderer Völker nur bedingt als Nachbarn, Freunde oder Heiratspartner akzeptiert wurden. Bei einer Umfrage in Bosnien-Herzegowina gaben 1991 beispielsweise 43 Prozent der Muslime, 39 Prozent der Kroaten und 25 Prozent der Serben an, sich bei der Partnerwahl auch an der Nationalität orientieren zu wollen. Im Durchschnitt wurden 12 Prozent aller Ehen zwischen Angehörigen verschiedener Völker geschlossen. Die nationalistische Propaganda konnte sich so später in der Zerfallsphase Jugoslawiens Misstrauen und einen unterschwelligen Nationalismus zunutze machen.

Verfassungsmängel: Obwohl Jugoslawien seit 1946 bundesstaatlich organisiert war, blieben »administrativer Sozialismus«, »demokratischer Zentralismus« und staatliche Planung in fast allen gesellschaftlichen Bereichen prägend. An eine maßgebliche Mitwirkung der Republiken an den Entscheidungen der kommunistischen Bundesregierung, dem höchsten Exekutiv- und Verwaltungsorgan, war kaum zu denken. Erst unter dem Druck wachsender regionaler und nationaler Selbstständigkeitsbestrebungen erhielten Partei und Staat seit Ende der sechziger Jahre schrittweise eine föderale Gestalt. Seit 1969 wurden die Mitglieder des Parteipräsidiums und seines Exekutivbüros nach einem festen Republiken-Schlüssel ernannt. Alle wichtigen Bundesorgane waren gleichberechtigt besetzt, Führungsposten wechselten jährlich. Die neue Verfassung von 1974 gewährte den Republiken und autonomen Provinzen so weitgehende Kompetenzen, dass man gelegentlich von einer Überföderalisierung des jugoslawischen Systems gesprochen hat. Nur noch wenige Aufgaben, wie die Außen- und Sicherheitspolitik, die Staatssicherheit, die Vereinheitlichung der Wirtschafts- und Sozialpolitik sowie der Rechtsordnung, blieben in der Zuständigkeit des Bundes. Vor allen wichtigen Entscheidungen musste Einvernehmen zwischen den Republiken und Provinzen erzielt werden, einzelne Republiken konnten Beschlüsse des Bundes durch ihren Widerspruch blockieren. Als die Bundesstaaten in den 1980er Jahren vor dem Hintergrund wachsender Selbstständigkeitsbestrebungen ausgiebig von diesem Gesetz Gebrauch machten, wurde die Bundesregierung handlungsunfähig.

Regionale Enwicklungsunterschiede und Verteilungskonflikte: Hinter den Spannungen im Vielvölkerstaat standen unterschiedliche politische Visionen, aber auch soziale und wirtschaftliche Interessen. Viele Konflikte entstanden aus dem Wohlstandsgefälle, welches das Land von Nordwest nach Südost durchzog. Die Analphabetenrate der über Zehnjährigen lag beispielsweise 1948 in Slowenien bei 2,4 Prozent, im Kosovo jedoch bei 62,5 Prozent. Während in den 1940er und 1950er Jahren die Bevölkerung Kroatiens und Sloweniens um 0,8 Prozent wuchs, stieg jene Bosnien-Herzegowinas um 2,2 Prozent und die des Kosovo sogar um 2,5 Prozent. Das Bruttosozialprodukt pro Kopf war zu dieser Zeit in Slowenien mehr als doppelt so hoch wie im Kosovo.

Um die krassen Entwicklungsunterschiede einzuebnen, setzte die jugoslawische Zentralregierung auf Umverteilung und Strukturförderung. Im Rahmen des Lastenausgleichs erhielten die ärmeren Regionen, vor allem Bosnien-Herzegowina, Montenegro, Kosovo und Mazedonien, seit 1966 massive Aufbau- und Entwicklungshilfe, die vorwiegend von den reicheren Republiken Slowenien, Kroatien und der Provinz Vojvodina finanziert wurden. Dennoch vergrößerte sich der Abstand zwischen den ärmeren und den reicheren Landesteilen immer mehr. 1984 war das Pro-Kopf-Einkommen in Slowenien schon viermal, das in Kroatien zweieinhalbmal höher als im Kosovo. Auf allen Seiten verfestigte sich die Vorstellung, die eigentlichen Verlierer der jugoslawischen Ordnung zu sein: bei den Ärmeren, weil sie sich nicht ausreichend unterstützt fühlten, aber auch bei den Reicheren, weil sie die Ärmeren nicht ständig finanzieren wollten.

Wachsende sozialökonomische Probleme: Obwohl alle Landesteile Jugoslawiens nach 1945 von einer Wachstumsdynamik bislang nicht gekannten Ausmaßes erfasst wurden und ein beachtliches Stück auf der Wohlstandsleiter nach oben kletterten, gelang es dem Staat nicht, die strukturellen Mängel seiner Volkswirtschaft zu überwinden. Zwischen 1947 und 1985 wuchs das Bruttosozialprodukt um mehr als das Siebenfache. Die rasche Industrialisierung bewirkte einen tiefgreifenden sozialökonomischen

Kroatischer Frühling

Reformbewegung des Jahres 1971. Bereits 1967 hatten kroatische Intellektuelle von der jugoslawischen Zentralregierung die offizielle Anerkennung der Eigenständigkeit ihrer Sprache gefordert. Im Frühjahr 1971 wurden an den Universitäten vermehrt ökonomische und demokratische, aber auch nationalistische Anliegen formuliert. Neben dem Kulturverband »Matica Hrvatska« trug der »Bund der Kommunisten Kroatiens« unter Führung von Savka Dabčević-Kučar weite Teile der Forderungen mit. Auch durch die Studentenbewegung der 1968er Jahre beeinflusst, demonstrierten in Zagreb mehrere tausend Studenten für Reformen. Am 29. November 1971 zwang Tito die gesamte Führung des »Bundes« zum Rücktritt und tauschte die Parteiführung in Zagreb aus. Bis Mitte 1972 wurden 550 Personen festgenommen und insgesamt etwa 2000 Menschen zu mehrjährigen Gefängnisstrafen verurteilt. Einige der studentischen Anführer, z.B. der kroatische Präsident Stipe Mesić, wurden nach der kroatischen Unabhängigkeitserklärung 1991 einflussreiche Politiker.

Wandel. Fehlinvestitionen, technologischer Rückstand, Misswirtschaft und Überbürokratisierung führten Jugoslawien in den 1980er Jahren jedoch in eine tiefe Wirtschaftskrise, die sich in sinkender Produktion, wachsender Arbeitslosigkeit und einer extremen Verschlechterung des Lebensstandards äußerte. Zwischen 1980 und 1986 wuchs das Bruttosozialprodukt nur noch um 0,6 Prozent im Jahr, und die Realeinkommenen lagen 1985 um 27 Prozent niedriger als 1979. Die sozialökonomische Dauerkrise stellte Jugoslawien auf eine harte Belastungsprobe: Immer weniger Menschen waren bereit, ihren Wohlstand zu teilen, und die wachsenden sozialen Ängste machten die Menschen anfällig für nationalistische Parolen.

Neuer Nationalismus: Trotz aller Bemühungen der jugoslawischen Kommunisten waren die nationalen Ideologien in der Tito-Ära am Leben geblieben. In der zweiten Hälfte der 1960er Jahre forderten kroatische, montenegrinische und mazedonische Intellektuelle offen mehr kulturelle Rechte. Als während der Protestdemonstrationen des »Kroatischen Frühlings« 1971 der

Ruf nach einem selbstständigen kroatischen Nationalstaat laut wurde, brach eine der schwersten inneren Krisen Jugoslawiens seit 1945 aus. Aber Tito gelang es, die Autonomiebestrebungen der Kroaten mit harter Hand vorläufig unter Kontrolle zu bringen.

Die nach dem Tode Titos 1980 eingeleitete Liberalisierung des politischen Systems gab den nationalistischen Bewegungen neuen Auftrieb. 1981 kam es zu blutigen Unruhen im Kosovo, als die Albaner die Anerkennung ihrer Provinz als siebte Republik forderten, während Vertreter der Serben die Diskriminierung durch die Albaner anprangerten. 1983 wurden die Verfasser einer »Islamischen Deklaration«, unter ihnen der spätere bosnische Präsident Alija Izetbegović, zu mehrjährigen Gefängnisstrafen verurteilt, weil sie angeblich auf jugoslawischem Boden einen islamischen Staat errichten wollten.

In Kroatien gründete der ehemalige General und Historiker Franjo Tudjman, der 1967 wegen seines Engagements für die kroatische Nationalbewegung aus der Kommunistischen Partei ausgeschlossen worden war und später wegen staatsfeindlicher Aktivitäten mehrere Jahre im Gefängnis verbrachte, 1989 die national orientierte Partei Kroatische Demokratische Gemeinschaft (Hrvatska demokratska zajednica, HDZ), mit der er 1990 die ersten freien Wahlen Kroatiens gewann. In Serbien trieb Slobodan Milošević, der zweiten Hälfte der 1980er Jahre an die Spitze der serbischen Kommunisten getreten war, den Nationalismus voran. 1989 wurden die Selbstverwaltungsrechte der ehemaligen autonomen Provinzen Kosovo und Vojvodina beseitigt. In einem 1987 bekannt gewordenen Memorandum der Serbischen Akademie der Wissenschaften und Künste war dies als serbische Forderung formuliert worden. Aber auch in anderen Republiken machten sich nationalistische Strömungen breit.

Demokratisierung: Durch den Bankrott des Kommunismus war auch eine seiner tragenden Säulen, der Internationalismus, nicht mehr glaubhaft, lehnten viele Menschen das Ideal der weltumspannenden Völkerfreundschaft ab. Es mag paradox erscheinen, aber Nationalismus und nationalistisches Gedankengut konnten sich gerade deshalb ausbreiten, weil in den 1980er Jahren erstmals Meinungs-, Presse- und Versammlungsfreiheit eingeführt worden waren. So wurden die Republiken und

Schlüsseldokument: Die Islamische Deklaration

Die »Islamische Deklaration« (Islamska deklaracija, ID), als deren Autor Alija Izetbegović (1925–2003) gilt, entstand Mitte der 1960er Jahre und erschien 1970 erstmals als Buch.

Der ID zufolge befindet sich die islamische Welt in einem Zustand der Rückständigkeit. Als Gründe werden die starre, dogmatische Interpretation der Religion durch konservative Gelehrte sowie die unkritische Übernahme westlicher politischer und philosophischer Konzepte wie des Nationalismus genannt. Beide Probleme könnten nur durch eine »Wiedergeburt« gelöst werden, d.h. durch die Herstellung einer islamischen Ordnung, die eine Synthese aus Religion und Politik darstellt. Diese solle in Gesellschaften mit islamischer Bevölkerungsmehrheit gewaltfrei erfolgen. Im ideologischen Konflikt zwischen Kapitalismus und Sozialismus sei der Islam der »dritte Weg«. In der aktuellen weltpolitischen Konstellation könnten die islamischen Länder nur durch einen Zusammenschluss in Form einer Staatenföderation ihr Überleben und ihre Weiterentwicklung sicherstellen.

Die ID war ein Gemeinschaftsprodukt der führenden Köpfe der Organisation der »Jungmuslime« (Mladi Muslimani). Alija Izetbegović wollte ursprünglich dem westlichen Publikum in einer polemisch philosophischen Abhandlung den Islam als Alternative zur Blockkonfrontation des Kalten Krieges anbieten. Später wurden diese Gedanken zugunsten eines Programms zur »Islamisierung der Muslime und muslimischer Völker« aufgegeben.

Der jugoslawische Staat nahm an der ID erst 1983 Anstoß. Die Schrift wurde im Prozess gegen 13 muslimische Intellektuelle in Sarajevo als »Beweis« ihrer islamisch-fundamentalistischen Gesinnung herangezogen. Als Autor der ID erhielt Izetbegović 14 Jahre Gefängnis, die später auf neun Jahre verkürzt wurden. 1988 wurde der politische Häftling entlassen. Für das politische Handeln Izetbegovićs seit den neunziger Jahren spielte die ID allerdings keine nennenswerte Rolle.

Armina Omerika

ethnischen Gemeinschaften zu Zentren der nachjugoslawischen, nationalstaatlichen Ordnung. Als 1990 erstmals demokratische Wahlen stattfanden, gelangten fast in allen Republiken bürgerlich und national orientierte Parteien und Koalitionen an die Regierung. Das Parteienbündnis »Demos« in Slowenien und die HDZ in Kroatien arbeiteten seit ihrem Machtantritt auf die Selbstständigkeit ihrer Republiken hin. Die im selben Jahr vorgesehenen gesamtjugoslawischen Wahlen fanden jedoch nie statt. Eine demokratisch legitimierte gesamtjugoslawische Regierung gab es somit nicht mehr.

Ende des Ost-West-Konflikts: Der Wandel der weltpolitischen Lage hat den Zerfall Jugoslawiens in mehrfacher Hinsicht beschleunigt. Mit Ende des Ost-West-Konflikts gingen die zentralen Säulen des von Tito geprägten jugoslawischen Staatsverständnisses zu Bruch. Der Sozialismus, an dessen Zukunft in den 1980er Jahren immer weniger Jugoslawen geglaubt hatten, hatte nach dem Zusammenbruch der sozialistischen Systeme in Osteuropa nun auch international abgewirtschaftet. Die Politik der Blockfreiheit, zur Zeit des Kalten Krieges ein wesentlicher Bestandteil jugoslawischer Staatlichkeit, machte nunmehr keinen Sinn. Dieser Verlust der Sonderstellung Jugoslawiens zwischen kapitalistischem und sowjetischem System, die Abkehr vom »dritten Weg«, stürzte viele Anhänger eines jugoslawischen Staates in eine tiefe Identitätskrise. Gleichzeitig verlor das Land seine herausragende strategische Bedeutung an der Schnittstelle der gegnerischen Blöcke und damit auch das Interesse der westlichen Welt. Die schwerwiegenden wirtschaftlichen Probleme, die Jugoslawien vor eine Zerreißprobe stellten, interessierten im Ausland nur noch Wenige. In der Region entstand eine Art machtpolitisches Vakuum.

Politische und wirtschaftliche Zerfallserscheinungen: Ende der 1980er Jahre steuerte die politische und wirtschaftliche Krise Jugoslawiens auf ihren Höhepunkt zu. Die Auslandsverschuldung erreichte 1989 den Rekordwert von 16,5 Milliarden US-Dollar, die Inflation stieg im Dezember desselben Jahres auf 2700 Prozent. An der Frage, wie das jugoslawische System reformiert werden könnte, spaltete sich an der Jahreswende 1989/90 der Bund der Kommunisten, die jugoslawische Einheitspartei. Monatelang hatten die slowenischen Parteivertreter auf die Einführung einer parlamentarischen Demokratie gedrängt, während die serbische Führung am Einparteiensystem festhalten wollte. Seither gab es keine funktionierende Bundespolitik mehr, und die Republiken kappten schließlich sämtliche politischen und wirtschaftlichen Beziehungen untereinander. Stück für Stück brach nun auch der jugoslawische Wirtschaftsraum auseinander. Slowenien und Serbien begannen einen regelrechten Wirtschaftskrieg und erhoben gegenseitig Zölle auf ihre Importe. Mit der Auflösung der jugoslawischen Staatsstrukturen gingen auch alle zentralstaatlichen Institutionen, die – schlecht oder recht – den Dialog zwischen den nationalen Führungen aufrecht erhielten und konfliktregulierend wirkten, zu Bruch. Weder gab es Gremien noch anerkannte Verfahren, die es ermöglicht hätten, die seit langem gärenden Konflikte gewaltfrei auszutragen.

Mit dem Machtantritt der national orientierten Parteien in den jugoslawischen Teilrepubliken 1990/91 schwanden die Chancen, zu einem innerjugoslawischen, nationalen Interessenausgleich zu finden. Am 25. Juni 1991 erklärten sich Slowenien und Kroatien für unabhängig; internationale Vermittlungsversuche, die Auflösung Jugoslawiens zu verhindern, scheiterten. Kurz darauf brachen erste bewaffnete Konflikte zwischen Kräften der dortigen Territorialverteidigung und der Jugoslawischen Volksarmee aus.

Marie-Janine Calic

Literaturempfehlungen:

Marie-Janine Calic, Krieg und Frieden in Bosnien-Hercegovina, Frankfurt a.M. 1996

Der Jugoslawien-Krieg. Handbuch zu Vorgeschichte, Verlauf und Konsequenzen. Hrsg. von Dunja Melčić, Opladen, Wiesbaden 1999

Holm Sundhaussen, Experiment Jugoslawien. Von der Staatsgründung bis zum Staatszerfall, Mannheim [u.a.] 1993

GECONEUFOR/Langheinrich

Über 10 000 Tote waren nach der dreijährigen Belagerung Sarajevos unter der Zivilbevölkerung zu beklagen. Neben zahllosen Kriegsopfern ist auf dem moslemischen Friedhof Kovači auch Alija Izetbegović (1925–2003) bestattet. Sarajevo, in Europa bekannt vor allem durch die Olympischen Winterspiele 1984, erlangte später als Stadt mit den meisten Kriegsopfern in Bosnien-Herzegowina traurige Berühmtheit.

Der jugoslawische Nachfolgekrieg 1991–1995

Der Zerfall Jugoslawiens bildete den Auftakt zu den erschütterndsten Ereignissen der europäischen Nachkriegsgeschichte. Unmittelbar nach den Unabhängigkeitserklärungen Kroatiens und Sloweniens im Juni 1991 brachen erste bewaffnete Konflikte zwischen den dortigen Territorialverteidigungsstreitkräften und der Jugoslawischen Volksarmee aus. Nach und nach erfasste der Krieg alle Teilrepubliken. Kern der Auseinandersetzung war der Streit um das Erbe Jugoslawiens: Welche Nachfolgestaaten sollten an seine Stelle treten? Wie sollte die territoriale Ordnung gestaltet werden? Und welche Bedeutung hatten die bisherigen Republikgrenzen? Welche Rechte sollten in den neuen Nachfolgestaaten die ehemaligen Staatsnationen und Minderheiten Jugoslawiens erhalten?

Für einen gemeinsamen jugoslawischen Staat sprach die großflächige und eng miteinander verzahnte siedlungsgeographische Verteilung der südslawischen Völker. Ethnisch definierte Nationalstaaten hätten unzusammenhängende Staatsgebilde in der Form von Flickenteppichen hervorgebracht und zudem bedeutende Siedlungsgebiete ausgeklammert. Beispielsweise lebten außerhalb der zehn Millionen Einwohner zählenden Teilrepublik Serbien in den 1990er Jahren weitere zwei Millionen Serben in Kroatien und Bosnien-Herzegowina. Für viele Serben hat es daher immer nur zwei alternative Staatsprojekte gegeben: Entweder einen gemeinsamen jugoslawischen Staat, in dem verschiedene südslawische Völker zusammenleben, oder einen exklusiven (groß-)serbischen Nationalstaat, der auch die von Serben besiedelten Territorien in anderen historischen Landesteilen umfassen sollte. Durch die Gründung Jugoslawiens waren nach dem Ersten und erneut nach dem Zweiten Weltkrieg die wichtigsten Siedlungsgebiete der Serben politisch vereinigt worden.

National orientierte kroatische Serben riefen deshalb nach der Unabhängigkeitserklärung Zagrebs ein autonomes Gebiet und später eine unabhängige Serbenrepublik in Kroatien aus (Republika Srpska Krajina, RSK). Ziel blieb der Erhalt eines – freilich serbisch – geführten jugoslawischen Staates. Folglich definierte Serbien den jugoslawischen Krieg nie als Aggressionskrieg, sondern als Kampf der Serben um ihren Verbleib in einem gemeinsamen Staat.

Auch die internationale Staatengemeinschaft stand der Anerkennung der jugoslawischen Teilrepubliken als selbstständige Staaten skeptisch gegenüber. Da die mehr als zwanzig im ehemaligen Jugoslawien beheimateten Völkerschaften in vielen Regionen in unauflöslicher Gemengelage durcheinander siedelten, hätten Grenzveränderungen eine unaufhaltbare Kettenreaktion immer neuer und prinzipiell kaum miteinander zu vereinbarender Territorialforderungen ausgelöst.

Es sollte sich jedoch zeigen, dass auch die rasche Anerkennung der neuen Staaten kein Rezept gegen den im Sommer 1991 heraufziehenden Nachfolgekrieg lieferte. Nacheinander erfasste er Slowenien (1991), Kroatien (1991/92 und 1995), Bosnien-Herzegowina (1992–1995), Kosovo (1998–1999) und Mazedonien (2001).

Anerkennung Kroatiens und Sloweniens

Die Unabhängigkeitserklärung Sloweniens und Kroatiens am 25. Juni 1991 und der daraufhin ausbrechende Krieg stellten die Staatengemeinschaft vor ein Problem von weitreichender völkerrechtlicher Bedeutung. Die Kernfragen lauteten: Wie sollte das internationale anerkannte Selbstbestimmungsrecht der Völker interpretiert werden? Rechtfertigte dieses die Revision der innerjugoslawischen Republiksgrenzen? Handelte es sich um einen inneren oder einen zwischenstaatlichen Konflikt?

Auf deutschen Druck beschlossen die europäischen Außenminister, die abtrünnigen Teilrepubliken bis 15. Januar 1992 als unabhängige und souveräne Staaten anzuerkennen, sofern sie die Menschen- und Minderheitenrechte garantierten, die bestehenden Grenzen respektierten und demokratische Prinzipien beachteten. Die deutsche Bundesregierung war im Gegensatz zu anderen internationalen Akteuren zu der Auffassung gelangt, dass der Bundesstaat Jugoslawien faktisch in seine Bestandteile zerfallen sei und demnach Slowenien und Kroatien das Selbstbestimmungsrecht nicht verweigert werden dürfe. Zu diesem

Zeitpunkt hatten serbische bewaffnete Verbände bereits rund ein Drittel Kroatiens in die »Serbische Republik Krajina« (Republika Srpska Krajina) integriert. Im kroatischen »Heimatkrieg« zwischen Mitte 1991 und Anfang 1992 wurden 220 000 Kroaten aus den von Serben beanspruchten Regionen Ostslawoniens und der Krajina vertrieben.

Im Januar 1992 kam es zum Waffenstillstand. Die UNO rückte mit Friedenstruppen in die von Serben kontrollierten Gebiete ein. Im Frühjahr und Sommer 1995 vertrieb die kroatische Armee jedoch in einer militärischen Blitzaktion mehr als 300 000 Serben aus Kroatien, die »Serbische Republik Krajina« brach zusammen. Nach internationalen Verhandlungen richtete die UNO in Ostslawonien eine Übergangsverwaltung ein. Mit Ende dieses Mandats erlangte Kroatien am 15. Januar 1998 die volle Souveränität über sein gesamtes Staatsgebiet.

Eskalation des Krieges in Bosnien-Herzegowina

Anders als von den deutschen Diplomaten erhofft, führte die Internationalisierung der Jugoslawienkrise nicht zum Ende der Konflikte. Als am 6. April 1992 auch die kleine Vielvölkerrepublik Bosnien-Herzegowina als unabhängiger Staat anerkannt wurde, entfaltete sich ein humanitäres Drama ungeahnten Ausmaßes. Innerhalb der Republik wiederholten sich die Prozesse, die zuvor die Implosion des jugoslawischen Bundesstaates bewirkt hatten: Bosnien zerfiel in ethnisch definierte Parteien, Institutionen und bewaffnete Verbände. Dies spiegelte die vielschichtige Zusammensetzung der Bevölkerung: Gemäß der Erhebung von 1991 erklärten sich von 4,37 Millionen Menschen 43,5 Prozent als Bosniaken (Muslime), 31,2 Prozent als Serben und 17,4 Prozent als Kroaten; als Jugoslawen bezeichneten sich 5,5 Prozent. Die restlichen 2,4 Prozent verteilten sich auf Angehörige von zwanzig weiteren Nationalitäten und Religionsgemeinschaften.

Die politische Desintegration Bosnien-Herzegowinas begann bereits mit Einführung des Mehrparteiensystems, das – im Widerspruch zur geltenden Verfassung – zu ethnischer Blockbildung führte. Bei den ersten freien Wahlen im November und Dezember 1990 errangen die muslimische Partei der Demokratischen Aktion (Stranka demokratske akcije, SDA), die Kroatische Demokratische Vereinigung (Hrvatska demokratska zajednica, HDZ-BiH) und die Serbische Demokratische Partei (Srpska demokratska stranka, SDS) die Mehrheit der Sitze im Zweikammern-Parlament und bildeten eine Regierungskoalition. Am 14. Oktober 1991 zerbrach der Konsens der politischen Klasse zur Zusammenarbeit: Muslimische und kroatische Abgeordnete wollten gegen den Willen ihrer serbischen Kollegen einen Mehrheitsbeschluss zugunsten der Souveränität und Unabhängigkeit Bosniens fassen. Die Regierungskoalition zerfiel. Die bosnischen Serben erklärten, dass sie in einem jugoslawischen Staat mit Serbien und Montenegro bleiben wollten. Sie gründeten ein Gegenparlament, das sich denn auch für den Verbleib der serbischen Siedlungsgebiete in Jugoslawien aussprach. Am 9. Januar 1992 rief es die »Serbische Republik Bosnien-Herzegowina« aus (später geändert in Serbische Republik, Republika Srpska), die sich am 7. April 1992 für unabhängig erklärte.

Ähnlich wie die Serben zog es auch der nationalistisch orientierte Flügel der bosnischen Kroaten vor, die von Kroaten besiedelten Regionen in Bosnien-Herzegowina mit dem »Mutterland« Kroatien zusammenschließen, statt sie in einem zentral regierten, multiethnischen bosnischen Staat zu belassen. Im November 1991 riefen nationalistische Kroaten das autonome Gebiet »Herceg Bosna« aus, dem am 3. Juli 1992 staatliche Funktionen übertragen wurden. Nur auf Seiten der Muslime, die ja außerhalb Bosniens keine »Mutternation« besaßen, war unumstritten, dass die Republik in ihren bestehenden Grenzen als Staat erhalten bleiben müsse. Uneinigkeit herrschte allerdings darüber, ob entweder ein kleines Jugoslawien, ein muslimisch dominierter Nationalstaat oder eine islamische Republik angestrebt werden sollte.

Nach einem von der Europäischen Gemeinschaft (EG) verlangten Referendum wurde Bosnien-Herzegowina am 6. April 1992 von den Mitgliedstaaten der Gemeinschaft als unabhängiger Staat anerkannt. Vielen Serben war bewusst, dass dies der letzte, unumkehrbare Schritt Bosnien-Herzegowinas in die Unabhängigkeit war. Schon kurz vor der internationalen Anerkennung des bosnischen Staates brachen daher in verschiedenen Landesteilen heftige Kämpfe aus. In den Monaten April bis Juli

1992 eroberten serbische bewaffnete Verbände Ostbosnien, den nördlichen Korridor zu den von ihnen beherrschten Gebieten im Westen Bosniens, die östliche Herzegowina und die serbische Krajina; sie kontrollierten bald rund 70 Prozent des bosnischen Territoriums. In den für die bosnisch-serbische Republik beanspruchten Gebieten wurden zielstrebig nebenstaatliche Strukturen aufgebaut, die nichtserbische Bevölkerung wurde vertrieben. Obwohl weder Belgrad noch Zagreb Bosnien-Herzegowina je offiziell den Krieg erklärt hatten, unterstützten sie die irregulären Armeen der dort lebenden Serben und Kroaten – die Armee der Serbischen Republik (Vojska Republike Srpske, VRS) bzw. den Kroatischen Verteidigungsrat (Hrvatsko vijeće obrane, HVO) – politisch, militärisch und materiell. Damit war der bosnische Krieg eine Mischform aus Bürger- und Staatenkrieg.

Seit Ausbruch der ersten Kampfhandlungen im April 1992 kämpften muslimische und kroatische bewaffnete Kräfte gemeinsam gegen die von der Jugoslawischen Armee (Vojska Jugoslavije, VJ) unterstützten Serben. Nachdem jedoch am 3. Juli 1992 der Kroaten-Staat »Herceg Bosna« ausgerufen worden war, löste sich die muslimisch-kroatische Militärallianz auf. Anfang 1993 brach der so genannte Zweite Krieg zwischen den ehemaligen Verbündeten aus. Erst Anfang 1994 wurde dieser Krieg durch internationale Vermittlung beendet; Kroaten und Muslime wurden auf ein gemeinsames Staatswesen, die Föderation Bosnien-Herzegowinas, verpflichtet. Das Eingreifen der NATO im Sommer 1995 und das Abkommen von Dayton am 21. November 1995 unterbrachen dann endgültig die Kette der Gewalt.

Die Politik der »ethnischen Säuberungen«

Der jugoslawische Nachfolgekrieg hat vor allem aufgrund des Schicksals der Zivilisten die Öffentlichkeit aufgerüttelt. Von Flucht und Vertreibung waren seit Beginn der 1990er Jahre fast vier Millionen Menschen in Kroatien, Bosnien-Herzegowina und im Kosovo betroffen, Zehntausende wurden getötet, Städte und Kulturdenkmäler systematisch zerstört. »Bosnien« wurde zum Sinnbild für die Brutalisierung des Krieges – und für die Hilflosigkeit der internationalen Staatengemeinschaft.

Konfliktparteien und deren Streitkräfte

Auf allen Seiten kämpften neben regulären Streitkräften auch Milizen, Spezialtruppen und Freischärler. Die Grenzen waren oft fließend. Auch wurden Einheiten und Verbände einander unterstellt oder kämpften gemeinsam auf der gleichen Seite, was es erschwert, die komplexe Befehlsstruktur und somit die Verantwortung für Kriegsverbrechen bei den Konfliktparteien nachzuvollziehen.

Serbische Verbände

Jugoslovenska narodna armija, JNA (Jugoslawische Volksarmee, JVA): reguläre Streitkräfte Jugoslawiens bis Mai 1992

Vojska Jugoslavije, VJ (Armee Jugoslawiens): reguläre Streitkräfte Jugoslawiens ab Mai 1992

Vojska Republike Srpske, VRS (Streitkräfte der Republika Srpska)

Jedinica za specijalne operacije, JSO (Einheit für Spezialoperationen), auch »Crvene beretke« (Rote Barette): Spezialpolizei des serbischen Innenministers Petar Gračanin unter dem Kommando von Milorad Luković

Srpska dobrovoljačka garda (Serbische Freiwilligengarde), auch »Tiger« (angeführt von Željko »Arkan« Ražnatović)

Srpski četnički pokret (Serbische Tschetnikbewegung), auch »Četniks« (angeführt von Vojislav Šešelj)

Beli orlovi (Weiße Adler): bewaffneter Verband unter Mirko Jović (Krajina); in Bosnien-Herzegowina unter Dragoslav Bokan

Rojalisti (Monarchisten) unter Mihailo Mladenović

Es war der bosnische Krieg, der in den frühen 1990er Jahren den verharmlosenden Begriff »ethnische Säuberungen« (etničko čišćenje) prägte, eine wörtliche Übersetzung aus den slawischen Sprachen. Als »ethnische Säuberungen« definiert die Expertenkommission der UNO eine »vorsätzliche Politik, die von einer ethnischen oder religiösen Gruppe verfolgt wird, um die Zivilbevölkerung einer anderen ethnischen oder religiösen Gruppe durch gewaltsame und terroristische Mittel aus bestimmten ge-

Konfliktparteien und deren Streitkräfte

Kroatische Verbände

Hrvatska Vojska, HV (Kroatische Armee): reguläre Streitkräfte Kroatiens ab September 1991

Hrvatsko vijeće obrane, HVO (Kroatischer Verteidigungsrat): im April 1992 in der Westherzegowina gegründete kroatische Streitkräfte in Bosnien-Herzegowina

Hrvatske obrambene snage, HOS (Kroatische Verteidigungskräfte): bewaffneteter Arm der Hrvatska Stranka Prava, HSP (Kroatische Partei des Rechts) in Bosnien-Herzegowina bis 1992 unter Blaž Kraljević

Bosniakische Verbände

Armija Republike Bosne i Hercegovine, ARBiH (Armee der Republik Bosnien-Herzegowina): reguläre Streitkräfte der Republik Bosnien-Herzegowina seit Mai 1992

Patriotska liga (Patriotische Liga): bewaffnete muslimische Streitkräfte in Bosnien-Herzegowina ab 1992

Zelene beretke (Grüne Barette): militärischer Arm der Stranka demokratske akcije, SDA, unter Alija Izetbegović

Narodna odbrana Zapadne Bosne, NOZB (Volksverteidigung Westbosniens): Streitkräfte der »Westbosnischen Republik« Fikret Abdićs in der Region Bihać; sowohl mit serbischen als auch kroatischen Einheiten

ographischen Gebieten zu entfernen«. Die Vorstellung, dass Völker mit bestimmten Territorien identifizierbar seien, oder dass die Angehörigen derselben ethnischen Gemeinschaft in möglichst homogenen Nationalstaaten zusammengefasst werden müssten, basiert auf einem Verständnis der Nation als Kultur- und Abstammungsgemeinschaft. Die Idee vom ethnisch homogenen Nationalstaat wurde seit dem frühen 19. Jahrhundert immer dann wirksam, wenn der Zerfall von Großreichen und

Vielvölkerstaaten politische Ordnungen und Grenzen in Frage stellte. Unerwünschte Bevölkerungsgruppen wurden gewaltsam entfernt, um territoriale Ansprüche zu rechtfertigen und Herrschaftsstrukturen zu errichten, in denen eine Ethnie dominierte. Verschiedenste Maßnahmen dienten dem Ziel der ethnischen »Homogenisierung«, darunter erzwungener Religions- und Sprachwechsel, Vertreibung sowie – im Extremfall – Völkermord.

In Bosnien-Herzegowina gerieten in wenigen Monaten mehr als 2,2 Millionen Menschen, rund die Hälfte der bosnischen Bevölkerung, in Bewegung. Die meisten Vertreibungen gingen auf das Konto der bosnischen Serben. Vorrangig betroffen waren die strategisch wichtigen Regionen, die Serbien mit den serbisch besiedelten Gebieten Bosnien-Herzegowinas und Kroatiens verbanden. Seit 1993 mehrten sich jedoch Meldungen, dass auch die kroatischen und bosniakischen Streitkräfte Gewalt anwendeten, um eroberte Gebiete ethnisch zu »bereinigen«.

Angesichts der komplexen Siedlungsverhältnisse im ehemaligen Jugoslawien waren »ethnische Säuberungen« nicht lediglich Begleiterscheinung und Ergebnis, sondern auch politisches Ziel der Akteure. Serbische bewaffnete Verbände haben in Bosnien-Herzegowina ohne jede militärische Notwendigkeit systematisch islamisches und katholisches Kulturerbe vernichtet oder schwer beschädigt, darunter mehr als 1000 Moscheen und über 500 katholische Kirchen. Deportationen, Vergewaltigungen, Folter, Verstümmelung und Massenhinrichtungen wurden gezielt eingesetzt, um diese Politik voranzutreiben. Hinterlassenschaften mit ethnischem Bezug sollten verschwinden, darunter vor allem kulturelle und religiöse Bauwerke, aber auch kulturelle Zentren wie die historische Innenstadt Sarajevos. Übergriffe, Zerstörung und Morde begingen alle am Krieg beteiligten Parteien.

Bilanz des Krieges

Zwischen 1991 und 1995 wurden ca. 150 000 bis 200 000 Menschen getötet, Hunderttausende verletzt, Millionen vertrieben. Weite Teile Kroatiens und Bosnien-Herzegowinas wurden zerstört. Im Zuge der Kampfhandlungen kam die Wirtschaft fast gänzlich zum Erliegen. Von den umfassenden Zerstörungen hat sich die Region bis heute noch nicht erholt.

In Kroatien hinterließ der Krieg des Jahres 1991 nach offiziellen Angaben mehr als 6000 Tote und über 20 000 Verletzte, davon ein Drittel Zivilisten. In der Krajina haben die Kriegshandlungen gewaltige Zerstörungen und ein nahezu verödetes Grenzland hinterlassen. Die kroatische Regierung beziffert den wirtschaftlichen Schaden des vierjährigen Kampfes auf 27 Milliarden US-Dollar, was einem Wert von mehr als 5000 US-Dollar pro Kopf der kroatischen Bevölkerung entspricht. 37 Prozent des kroatischen Wirtschaftspotentials wurden zerstört.

Erheblich gravierender als in Kroatien sind die Schäden in Bosnien-Herzegowina. Bis September 1995 wurden 145 000 Todesopfer registriert, darunter 17 000 Kinder. 174 000 Menschen wurden verletzt, davon 75 000 bis zur Invalidität. Die Kampfhandlungen haben zudem die Wirtschaft praktisch zum Stillstand gebracht. Schon Ende August 1994 war die Produktion auf 5 bis 10 Prozent des Vorkriegsniveaus geschrumpft, rund 80 Prozent der Bevölkerung überlebte nur noch durch humanitäre Hilfe. Der Gesamtschaden wird von der bosnischen Regierung auf 50 bis 70 Milliarden US-Dollar geschätzt. Die Weltbank geht dagegen von 10 bis 20 Milliarden US-Dollar aus. Während die materiellen Schäden mit Hilfe der internationalen Staatengemeinschaft schrittweise beseitigt werden können, bleiben die körperlichen und psychischen Schäden, welche ungezählte Menschen erlitten haben, meist ein Leben lang bestehen.

Marie-Janine Calic

Literaturempfehlungen:

Steven L. Burg and Paul S. Shoup, The War in Bosnia Herzegovina, Ethnic Conflict and International Intervention, Armonk, NY, London 1999

Gerd Koslowski, Die NATO und der Krieg in Bosnien-Herzegowina. Deutschland, Frankreich und die USA im internationalen Krisenmanagement, 2. Aufl., Vierow bei Greifswald 1992

Charles R. Shrader, The Muslim-Croat Civil War in Central Bosnia. A Military history 1992–1994, College Station, TX 2003

GECONEUFOR/Langheinrich

Erinnerung an den Krieg: ausgedienter Militärhubschrauber des sowjetischen Typs Mi 8 (Hip) in Sarajevo 2005.

Chronik der militärischen Operationen in Bosnien-Herzegowina

1991

März 91
Aufflammen von Kämpfen im autonomen Serbengebiet (Srpska autonomna oblast; SAO seit 21.12.1990) zwischen serbischen Freischärlern und kroatischer Polizei in der Krajina, Kroatien.

Juni 91
Unabhängigkeitserklärung von Slowenien und Kroatien (25.6.), Aufmarsch der Jugoslawischen Volksarmee (Jugoslovenska narodna armija, JNA) an der jugoslawischen Außengrenze in Slowenien und Kroatien. Kämpfe zwischen Verbänden der JNA unter Ratko Mladić sowie serbischen Freischärlern gegen kroatische Verbände (ab September Hrvatska vojska, HV).

September 91
Luftangriffe der JNA auf Zagreb, Kroatien, Aufwuchs der HV auf 200 000 Soldaten.

Oktober 91
Parlament in Bosnien-Herzegowina beschließt nach Erklärung über Rückzug der JNA aus Kroatien ein Referendum zur Unabhängigkeit (15.10.). Serben unter der Führung von Radovan Karadžić verlassen aus Protest das Parlament.

Dezember 91
Nach Votum der bosnischen Serben für einen Verbleib bei Jugoslawien rufen diese nach dem Vorbild der Republika Srpska Krajina (RSK) – am 19.12. eine serbische Republik (Republika Srpska, RS) als Teil Jugoslawiens aus. Kämpfe in der Krajina.

1992

Januar 92
UN-Sicherheitsratresolution 727 zur Entsendung von Blauhelmen nach Jugoslawien.

März 92	Unruhen in Sarajevo (2.3.); Kämpfe an der bosnisch-kroatischen Grenze.
April 92	Anfang April Ausbruch der Kämpfe in Sarajevo zwischen Bosniaken und Kroaten einerseits sowie JNA-Truppen und Serben andererseits. Präsident Bosnien-Herzegowinas Alija Izetbegović ordnet Generalmobilmachung an. Kämpfe zwischen Kroaten und JNA um Mostar sowie serbischer und bosniakischer Milizen um Zvornik. Zerstörung der Brücken in der zwischen dem westlichen und östlichen Teil der RS gelegenen Stadt Brčko (Abschneiden der Verbindung Kroatien–Nordostbosnien). Einschließung Srebrenicas.
Juni 92	Anhaltende Kämpfe um Tuzla und Bihać. Serbischer Angriff auf Goražde, die letzte bedeutende, von Bosniaken gehaltene Stadt Ostbosniens. Erweiterung der UNPROFOR auf Bosnien-Herzegowina.
Juli 92	UNO errichtet Luftbrücke in das belagerte Sarajevo. NATO übt mit Kriegsschiffen in der Adria, darunter US-Flugzeugträger Saratoga, Druck auf Jugoslawien aus.
August 92	Völkerrechtswidrige Angriffe auf UN-Hauptquartier und das Krankenhaus in Sarajevo (durch Serben) und auf ein Krankenhaus bei Pale (durch Bosniaken).
Oktober 92	Serben erobern Bosanski Brod und schließen damit die Landverbindung von Serbien zur Krajina. Gefechte zwischen bosniakischen Verbänden (Armija Republike Bosne i Hercegovine, ARBiH) und Verbänden bosnischer Kroaten (Hrvatsko vijeće obrane, HVO) bei Vitez und

nordwestlich Sarajevo. Serben erobern Jajce (29.10.).

September bis November 92 — Kämpfe um Bihać, Doboj, Gradačac, Maglaj, Sarajevo, Travnik, Turbe, Tuzla, Zenica unter Einsatz von Artillerie und Luftwaffe.

1993

Januar 93 — Gipfeltreffen in Genf mit Vertretern der Konfliktparteien kann den Krieg nicht eindämmen. Bosniakische Offensive, um die Verbindung Pale (Republika Srpska)–Belgrad zu unterbrechen. Kroatische Kräfte nehmen den Peruca-Damm ein und zwingen UN-Soldaten zum Rückzug.

März 93 — Cerska (Ostbosnien) wird von serbischen Truppen eingenommen. Massenflucht, Beschießung von Flüchtlingen. Schwere Kämpfe bei Bratunac, Goražde und Srebrenica. Durch Flüchtlingsströme verdoppelt sich die Einwohnerzahl von Srebrenica auf ca. 60 000. Geiselnahmen von zwölf britischen UN-Soldaten in Konjević Polje durch Serben.

April 93 — NATO-Kampfflugzeuge erzwingen gemäß UN-Sicherheitsratsresolution 816 das Flugverbot über Bosnien-Herzegowina.

Mai 93 — UN-Sicherheitsrat erklärt die Städte Bihać, Goražde, Sarajevo, Srebrenica, Tuzla und Žepa zu »safe-areas«, dennoch serbische Angriffe auf Žepa (fällt am 15.5.).

Juli 93 — Zeitweise gemeinsames Vorgehen der Serben und Kroaten gegen bosniakische Streitkräfte in Zentralbosnien: Kämpfe zwischen Bosniaken und Kroaten bei Gornji Vakuf und Bugojno.

September 93 — Fortschreitende Zersplitterung der Kriegsparteien: Kroaten gegen Bosniaken bei Gornji Vakuf und Kiseljak, weiterhin Serben gegen Kroaten und Bosniaken in Mostar. Fikret Abdić ruft in Westbosnien eine unabhängige muslimische Republik aus, dabei Unterstützung durch das serbische Innenministerium (Rote Barette). Kämpfe zwischen Bosniaken unter Abdić und Izetbegović. Aufstand serbischer Einheiten in Banja Luka gegen serbische »Kriegsgewinnler« (Aktion September '93).

November 93 — Weitere Brutalisierung des Krieges: Massaker, Massenvergewaltigungen, Terror gegenüber der Zivilbevölkerung vor allem durch serbische Freischärlereinheiten. Erste Sitzung des Internationalen Kriegsverbrechertribunals (ICTY) in Den Haag (17.11.).

1994

Januar 94 — Nach Blockade der Flughäfen in Mostar, Tuzla und Banja Luka droht die NATO mit Luftschlägen. Verständigung zwischen der Republika Srpska und der kroatisch geführten Gemeinschaft Herzeg-Bosna in Genf.

Februar 94 — Generalmobilmachung der Gesamtbevölkerung in der Republik Srpska. Direkte Unterstützung der HVO durch die HV mit ca. 4000 Soldaten aus Kroatien. 400 russische UN-Soldaten treffen in Pale ein. Erster NATO-Kampfeinsatz: Abschuss von bosnisch-serbischen Kampfjets durch US-Jäger nach Verletzung der Flugverbotszone über Novi Travnik.

März 94 — Serben rücken in die Schutzzone von Sarajevo ein. Britische UN-Truppen in Žepče durch Serben beschossen. Französische UN-Truppen erwidern serbisches Feuer. Rückzug schwerer

Geschütze aus Zentralbosnien (HVO, ARBiH). Gefechte zwischen britischen UN-Truppen und Serben bei Maglaj (bosniakische Enklave).

April 94

»Ethnische Säuberungen« in Prijedor. Nach verstärkter serbischer Offensive mit gepanzerten Kräften auf Goražde erstmals Bekämpfung von Bodenzielen durch NATO. 58 UN-Militärbeobachter von Serben nahe Goražde und Banja Luka festgehalten. UN lehnt NATO-Luftschläge ab.

Mai 94

Kämpfe um Brčko und Bihać. Serben beschießen Tuzla, Zavidoviči. Angriffe gegen Doboj und Tesanj in Nordbosnien. Serbische Panzer schießen auf Bihać und zwingen UN-Hilfskonvoi zur Umkehr. Kämpfe in Bihać zwischen Bosniaken.

Juni 94

Kroatische Serben unterstützen durch Artillerieeinsatz bosniakischen Rebellenführer Fikret Abdić in Bihać. Kroatien weist aus Kapazitätsgründen 462 Flüchtlinge aus dem Gebiet von Banja Luka zurück. Schwere Artilleriegefechte in Nordbosnien, um Gračanica, Gradačac und Doboj.

August 94

Zunahme von Angriffen durch Heckenschützen und schweren Waffen in Sarajevo, auch auf UN-Personal. Velika Kladuša fällt durch bosniakische Truppen. Serben vertreiben Hunderte Bosniaken aus Bijeljina (von Juli bis September 1994 etwa 10 000 Bosniaken).

Oktober 94

Nach Siegen der bosnischen Regierungsarmee über Abdić-Truppen in Westbosnien Kooperation mit bosnisch-kroatischen Einheiten gegen bosnische Serben um Bihać. Drei dänische Kampfpanzer eröffnen Feuer auf serbische Panzer bei Gradačac. Einigung zwischen UN und

NATO über Luftschläge, sofern Zivilisten nicht betroffen.

November 94 — UN-Feuerwehrpersonal unter Maschinengewehrbeschuss – daraufhin beschießen französische Truppen mit 20-mm-Geschützen Grbavica (serbisch kontrolliertes Viertel in Sarajevo). Serben nähern sich Jankov Vrh (Berg ostwärts Bihać). Rückzug der ARBiH aus Baljevac und Garevica nach Norden. Truppen der autonomen Provinz Westbosnien (Abdić-Truppen) rücken in Velika Kladuša ein. NATO-Luftangriff auf serbisch gehaltenen Flugplatz Udbina (Kroatien, RSK; Basis für Luftangriffe auf Bihać). Einsatz von NATO-Flugzeugen zum Schutz von UN-Truppen nach serbischen Angriffen auf Bihać. Serben nehmen UN-Personal als Geiseln.

Dezember 94 — Gefangene UN-Mitarbeiter werden von Serben als »menschliche Schutzschilde« gegen NATO-Angriffe eingesetzt. Velika Kladuša fällt durch Abdić-Truppen. Serbische Artillerie beschießt weiterhin Tuzla.

1995

Januar 95 — Verstärkte Kampfhandlungen in Bihać. Serben setzen Kroaten und Bosniaken als »menschliche Schutzschilde« ein. Regierungstruppen blockieren tausend UN-Soldaten bei Tuzla. Artilleriebeschuss von Donji Vakuf durch ARBiH. Vorstoß von Abdić-Truppen und Serben in das Gebiet südlich Velika Kladuša. Serbischer Panzervormarsch über kroatisches Gebiet nach Bihać. Festsetzung von 75 UN-Soldaten des 3rd Dutch Air Mobile Battalion (Dutchbat) durch ARBiH nach Einschluss Srebrenicas durch Serben.

März 95 — Scharfschützen in Sarajevo weiterhin aktiv. Gefechte um Travnik, Priboj, Jablanica und Lukavica. ARBiH rücken in das Gebiet um Stolice ein. Abschlussbericht der UN-Expertenkommission stellt systematische Vergewaltigungen an muslimischen und kroatischen Frauen durch Serben im Rahmen »ethnischer Säuberungen« fest. Bosniakische Offensive bei Tuzla. Niederländische UN-Soldaten bei Majevac durch Artilleriefeuer getötet.

April
95

Wiederholte serbische Angriffe auf Bihać. Serben kontrollieren Berg Vlašič nahe dem von Regierungstruppen gehaltenen Travnik sowie Zugang zu Donji Vakuf und Jajce. NATO-Luftpräsenz über Sarajevo und Goražde. Bosnische Serben vertreiben Bosniaken aus ihrer Heimat in Nordost-Bosnien. Geländegewinne der ARBiH südlich Bihać (25.–28.). Schwere Kämpfe bei Brčko.

Mai
95

Beginn der kroatischen Offensive »Operation Blitz«. Kroatische Luftangriffe auf Hauptverbindung über die Save zwischen Kroatien und Bosnien. Serbischer Angriff auf kroatische Enklave Orašje. Serbische Flüchtlingsströme (ca. 4000 Menschen) nach Ostslawonien infolge kroatischer »Operation Blitz« (1.–2.5.) zur Rückeroberung Westslawoniens. NATO-Luftangriffe auf serbische Stellungen bei Pale. Bosnische Serben halten Ende Mai über 300 ausländische Geiseln fest, kappen Wasser-, Strom- und Gasversorgung nach Sarajevo. Mladić droht mit Tötung von UN-Soldaten bei Fortführung der NATO-Luftschläge. Verstärkter Flottenaufmarsch der Briten, Franzosen und der USA in der Adria.

Juni
95

EU und NATO beschließen Gründung einer Schnellen Einsatztruppe (Rapid Reaction Force, RRF) für Bosnien-Herzegowina. Serbischer Angriff auf niederländischen UN-Posten in Srebrenica. Verstärkter Kampf um Sarajevo. Freilassung von UN-Geiseln (insgesamt 388). 600 kanadische UN-Soldaten durch Regierungstruppen in Visoko blockiert und im Einsatzfall mit dem Tod bedroht. Deutschland sagt Militäreinsatz zur Unterstützung der UN in Bosnien zu.

Juli 95

Serbischer Angriff auf Srebrenica einschließlich Dutchbat. NATO-Luftschläge nach Beschuss des UN-Basislagers. Einstellung der Luftschläge durch die UN nach serbischer Drohung 30 niederländische Geiseln zu erschießen. Srebrenica fällt (11.7.). Spätere Untersuchungen ergeben Massaker an etwa 8000 Einwohnern und Flüchtlingen. Serbischer Großangriff auf Žepa. Serben nehmen ukrainische UN-Soldaten gefangen, die befehlsgemäß (UN) keinen Widerstand leisten, und drohen mit deren Erschießung im Falle eines NATO-Luftwaffeneinsatzes zur Verteidigung Žepas. Große Gebietsgewinne im Westen von Bihać durch bosnische und Krajina-Serben. Žepa fällt (25.7). Kroatien entsendet mehrere Tausend Soldaten der HV nach Bosnien.

August 95

Nach »Operation Sturm« der HV in der Republika Srpska Krajina (4.–7.8.) fliehen 180 000 Serben nach Banja Luka und in die Vojvodina (Serbien). Einheiten ARBiH und HVO rücken zur Unterstützung der HV in Kroatien ein. »Ethnische Säuberungen« und Beschießung serbischer Flüchtlinge durch Kroaten bei Dvor. Serben vertreiben bosnische Kroaten aus Banja Luka. Serbischer Beschuss des Markale-Markts in Sarajevo (über 30 Todesopfer). Darauf Luftangriffe der NATO auf serbische Stellungen, Munitionsfabriken und Depots. NATO-Luftangriffe bei Tuzla, Goražde, Stolice, Berg Majevica und Mostar. Artilleriebeschuss serbischer Stellungen durch RRF.

September 95

Luft- und seegestützte Beschießung u.a. von bosnisch-serbischen Flugabwehrstellungen, Kasernen und Munitionslagern sowie von militärischer Infrastruktur durch NATO-Streitkräfte. Einnahme von Donji Vakuf und Jajce durch bosniakisch-kroatische Truppen (Angriffsziel Banja Luka). Darauf serbische Flüchtlingsströme (ca. 40 000 Menschen) aus Donji Vakuf, Jajce, Šipovo und Mrkonjič Grad nach Banja Luka. UN und NATO beschließen Einstellung der Luftschläge nach serbischem Rückzug aus Sicherheitszone um Sarajevo. Serbische Gegenangriffe in Prijedor und Sanski Most.

Oktober 95

ARBiH rückt Richtung Banja Luka vor. Serbische Freiwilligengarde vertreibt mehrere Tausend Bosniaken und Kroaten aus Prijedor und Bosanski Novi (bei Banja Luka). Rückeroberung von Sanski Most durch ARBiH. Vormarsch auf Goražde. Beginn des 36. Waffenstillstands in Bosnien-Herzegowina (12.10.). Angriff der ARBiH auf Prijedor, Vertreibung von 40 000 Serben, Artilleriebeschuss der Flüchtlinge. Darauf Vertreibungen von Bosniaken und Kroaten durch Serben in Banja Luka. 60 000 Menschen im belagerten Goražde eingeschlossen (u.a. Flüchtlinge aus Žepa und Srebrenica).

November 95

Friedensverhandlungen in Dayton, Ohio (USA). Annahme (21.11.) des Friedensabkommens für Bosnien-Herzegowina (Formelle Unterzeichnung durch die Staatschefs Izetbegović, Milošević und Tudjman am 14.12. in Paris).

Agilolf Keßelring und Ulrike Lützelberger

picture-alliance/dpa/Foto: epa AFP

Die Zivilbevölkerung hatte in Bosnien-Herzegowina während des jugoslawischen Nachfolgekrieges besonders zu leiden. Nach dem Fall umkämpfter Städte – im Bild Flüchtlinge aus dem westbosnischen Jajce 1992 – wurden die Einwohner meist vertrieben. Zum schrecklichsten Beispiel für»ethnische Säuberungen« wurde das ostbosnische Srebrenica. Dort ereignete sich am 11. Juli 1995 das größte Massaker nach dem Zweiten Weltkrieg in Europa. Nach der Einnahme der Stadt befehligte der Oberkommandierende der bosnisch-serbischen Armee, Ratko Mladić, selbst die Erschießung von beinahe 8000 gefangenen Muslimen und ließ sie in Massengräbern verscharren. Das Massaker ereignete sich unter den Augen niederländischer UN-PROFOR-Truppen, die nicht in der Lage waren, die Bevölkerung vor dem serbischen Angriff zu schützen. Srebrenica brachte eine Wende in der Politik der Großmächte bis hin zu Luftangriffen der NATO und schließlich der Erteilung eines robusten Mandats auf dem Balkan. Bis heute symbolisiert Srebrenica die Problematik des Versuchs, von Seiten der internationalen Staatengemeinschaft Vertreibungen, »ethnische Säuberungen« und Massenmord zu verhindern.

Kriegsverbrechen: Srebrenica 1995

Srebrenica ist eine der ältesten bosnischen Städte. Der Ort ist urkundlich seit dem 14. Jahrhundert bekannt und galt lange Zeit als ein Wirtschaftszentrum. Das Vorkommen von Erz und Edelmetallen bildete hierfür die Grundlage, aber auch einen der Hauptgründe für die wechselvolle Geschichte der Stadt. Srebrenica und andere bosnische Bergwerksstätten erlebten ihre Blütezeit im Spätmittelalter, als der Bedarf an Edelmetall und Blei in Westeuropa gestiegen war. Die Silbervorkommen gaben Srebrenica auch den Namen. Er leitet sich von »srebro« (Silber) ab.

Nach der Eroberung durch die Osmanen im 15. Jahrhundert brach für die Stadt eine Phase der Stagnation und des Niederganges an. Unter österreichisch-ungarischer Verwaltung (1878–1918) folgte wiederum ein Aufschwung durch die erneute Erschließung der uralten Blei- und Silbergruben. Im sozialistischen Jugoslawien (1945–1991) wurde die Republik Bosnien-Herzegowina planmäßig modernisiert, jedoch unterblieb ein entsprechender Ausbau der Infrastruktur. Am Vorabend der jugoslawischen Nachfolgekriege stellte die Stadt Srebrenica ein industrielles Minizentrum der Region im Drinatal (Podrinje) dar. Nach der Volkszählung von 1991 lebten dort 37 211 Menschen. Davon bezeichneten sich 27 118 als Muslime, 9381 als Serben, 372 als Jugoslawen, 38 als Kroaten und 302 als »Andere«.

Der Auflösung Jugoslawiens, eines sozialistischen Vielvölkerstaates, und dem damit verbundenen Machtverlust Belgrads, versuchten Slobodan Milošević, Belgrader Militär- und Politikereliten sowie serbische Interessengruppen außerhalb des Landes entgegenzuwirken. Während in Slowenien und Kroatien die Zukunft in der staatlichen Unabhängigkeit gesehen wurde, strebte die serbische Führung den Erhalt eines – freilich serbisch dominierten – Jugoslawien oder aber die Schaffung eines großserbischen Staates an. Dabei stand die Überzeugung im Vordergrund, dass überall dort, wo Serben lebten, Serbien sei. Frühzeitig wurden auch kriegerische »Lösungen« geplant. Die Ermittler des Internationalen Strafgerichtshofes für das ehemalige Jugoslawien (International Criminal Tribunal for the Former Yugoslavia, ICTY), die seit Jahren Beweismaterial gegen angeklagte Kriegs-

Volksbefragung

Am 15. Oktober 1991 beschloss das Parlament in Bosnien-Herzegowina gegen den Willen der serbischen Abgeordneten eine Volksbefragung über eine Unabhängigkeitserklärung Bosnien-Herzegowinas durchzuführen. Am 29. Februar und 1. März 1992 sprach sich die Mehrheit der Muslime und der Kroaten von Bosnien-Herzegowina für eine Unabhängigkeit aus. Die Serben boykottieren das Referendum. Die Wahlbeteiligung lag bei 63 Prozent, der Anteil der Ja-Stimmen bei 99,4 Prozent. Bosnien-Herzegowina wurde am 6. April durch die Europäische Gemeinschaft und die USA anerkannt.

verbrecher zusammentragen, fanden zahlreiche Belege dafür. Bosnisch-serbische Politiker und Funktionäre sollen bereits ein Jahr vor Kriegsbeginn (genauer seit April 1991) insgeheim an der Errichtung einer »Serbischen Republik« innerhalb von Bosnien-Herzegowina gearbeitet haben. Diese politischen Vorbereitungen gingen auf militärischer Ebene mit der Bewaffnung der männlichen bosnisch-serbischen Bevölkerung einher. Serbische Freischärlerverbände – wie Šešelj-Tschetniks oder die Serbische Freiwilligen-Garde unter Željko »Arkan« Ražnjatović –, die nach der Errichtung der UN-Schutzzonen (UNPA) in Kroatien nach Bosnien-Herzegowina auswichen, brachten neben ihrer Kampferfahrung auch brutalste Kampfmethoden mit.

Nach der Unabhängigkeitsbefragung und der internationalen Anerkennung von Bosnien-Herzegowina griffen serbische Freischärler mit Unterstützung von Einheiten der Jugoslawischen Volksarmee (Jugoslovenska narodna armija, JNA; im Mai 1992 erfolgte die Neuformierung zur Vojska Jugoslavije, VJ) Ostbosnien vom Territorium der Republik Serbien aus an. Unterstützt wurden sie von lokalen serbischen Aktivisten.

Zwischen April und Mai 1992 brachte diese militärische Übermacht das gesamte bosnisch-serbische Grenzgebiet entlang der Drina unter ihre Kontrolle. Dabei wurden massive Verbrechen verübt und vor allem die bosniakisch-muslimische Bevölkerung systematisch vertrieben. Das Amt des Hohen Flüchtlingskommissars der Vereinten Nationen (UNHCR) schätzte bereits am

30. April 1992 die Zahl der vertriebenen Einwohner Bosniens auf über 400 000 Menschen. Davon wurden 122 000 in Bosnien-Herzegowina, 201 000 in Kroatien, 61 000 in Serbien und weitere Zehntausende in anderen Republiken des ehemaligen Jugoslawien registriert. Nur wenige Orte in Ostbosnien entgingen diesem Los: Srebrenica, Cerska und Žepa. Sie bildeten so genannte Enklaven, d.h. ringsum eingeschlossene Gebiete, die zwar dicht beieinander lagen, aber durch serbisch kontrollierte Zwischenräume von einander getrennt waren. Auch in Srebrenica kam es zunächst zu Kämpfen. Als bei diesen Goran Zekić, der lokale serbische Anführer und Politiker der Serbischen Demokratischen Partei (Srpska Demokratska Stranka, SDS) unter Radovan Karadžić, getötet wurde, zogen sich die serbischen Milizen zurück. Die serbischen Einwohner Srebrenicas flohen daraufhin aus der Stadt. Die bosniakischen Vertreter übernahmen die Kontrolle und organisierten die Verteidigung. Später wurde ein Kriegsrat als politische Vertretung gegründet. Serbische Artillerie auf den umliegenden Bergen und Infanterie aus den nächsten Ortschaften bedrängten Srebrenica weiterhin. Durch die Blockade der Zufahrtswege waren die Einwohner zudem von der Versorgung abgeschnitten.

Die Lage in Srebrenica bestimmten drei weitgehend unüberwindliche Probleme: Die Stadt war mit Flüchtlingen überfüllt, es herrschten Hunger und Not, die Verteidiger verfügten nur über notdürftige Bewaffnung und hatten kaum Munition. Trotz einiger Versuche war es für die Eingeschlossenen unmöglich, aus eigener Kraft die Blockade zu beenden und eine stabile Verbindung zum Gebiet unter der Kontrolle der Armee der Republik Bosnien-Herzegowina (Armija Republike Bosne i Hercegovine, ARBiH) zu schlagen. Im März 1993 stürmten serbische Verbände die Enklave Cerska; in Srebrenica zeichnete sich indes eine humanitäre Katastrophe ab. Die Verteidigung der Stadt stand vor dem Zusammenbruch, und die Streitkräfte der bosnischen Serben unter General Ratko Mladić lagen vor den Toren der Stadt.

Slobodan Milošević und Radovan Karadžić konnten durch Vertreter der alarmierten Internationalen Gemeinschaft dazu gebracht werden, den Einmarsch zu stoppen und in die Errichtung einer Schutzzone (safe area) einzuwilligen. Noch bevor am 16. April 1993 die UN-Resolution 816 über die Errichtung von Schutzzonen im Sicherheitsrat der Vereinten Nationen verabschiedet wurde, trafen französische UN-Soldaten in Srebrenica ein und brachten humanitäre Hilfe. Ein vertraulicher Bericht des UNHCR vom Juni 1993 zeichnete ein dramatisches Bild: Bei der Enklave Srebrenica handele es sich in Wahrheit um ein geschlossenes Flüchtlingslager mit mangelhafter Ausstattung; ca. 50 000 Personen harrten dort aus, die Versorgung reiche aber höchstens für 15 000.

Für Srebrenica galt, was für den gesamten Krieg entscheidend war: dass den westlichen Mächten und Russland der gemeinsame Wille für ein Vorgehen gegen Belgrad fehlte. Als Hauptfolge dieser Politik blieb das Ungleichgewicht zwischen der einen bewaffneten Kriegspartei und den weitgehend unbewaffneten Angegriffenen bestehen. Die besondere Lage in Srebrenica entstand aus einer »Panne des Blitzkrieges« auf dem ostbosnischen Kriegsgebiet, wo die serbischen Streitkräfte sonst militärisch klar überlegen waren. Das zeigten sie auch gegenüber den Vertretern der internationalen Organisationen: Das serbische Militär diktierte die Bedingungen, unter denen humanitäre Hilfe in die Stadt gelangen konnte; es bestimmte, wie viele Verwundete ausgeflogen werden durften, ja sogar, wo die UN ihre Schutztruppen stationieren sollten. Aus Sicht der bosnischen Regierung war das Dilemma der bedrohten ostbosnischen Enklave bereits bei der ersten Evakuierungswelle im Frühjahr 1993 erkennbar. Naturgemäß wollten alle in Srebrenica eingeschlossenen Menschen ausgeflogen werden, doch wäre die Stadt dann militärisch nicht mehr zu halten gewesen. Mit den Evakuierungen leisteten die Vereinten Nationen ungewollt Beihilfe zur »ethnischen Säuberung«, da hierdurch dem serbischen Kriegsziel ethnisch homogener Gebiete entsprochen wurde.

In Srebrenica löste im April 1993 eine kleine kanadische Truppe von etwa 140 Mann die zunächst eingesetzten Franzosen als UN-Friedenstruppe ab. Den Kanadiern folgte im März 1994 ein niederländischer Verband: das, so seine englische Bezeichnung, 3rd Dutch Air Mobile Battalion (Dutchbat). Es bestand aus etwa 540 Mann und 27 gepanzerten Mannschaftstransportwagen. Über schwere Waffen verfügte das Dutchbat nicht – gemäß dem Auftrag einer Truppe zum Friedenserhalt (peace keeping). Doch die bosnischen Serben entschieden über den Nachschub für die Friedenstruppen, wie der Kommandeur des Dutchbat bald er-

Lessons learned – Srebrenica und die Akteure der Internationalen Staatengemeinschaft

Das Massaker von Srebrenica wirkte weltweit wie ein Schock; zeigte sich doch, dass die internationale Staatengemeinschaft – obwohl vor Ort – nicht in der Lage war, einen Massenmord zu verhindern. Neben der allgemein anerkannten Schuld der Täter unter den bosnischen Serben und deren politischer Führung mussten sich die im Rahmen von UNPROFOR engagierten Staaten sowie die Vereinten Nationen bald dem Vorwurf der Mitverantwortung stellen. Am 30. November 1998 kam die UN-Vollversammlung überein, dass die Rolle der Vereinten Nationen in Srebrenica von 1993 bis 1995 untersucht werden solle. Am 15. November 1999 legte UN-Generalsekretär Kofi Annan den »Report of the Secretary-General pursuant to General Assembly resolution 53/35 The fall of Srebrenica« vor. Der 113 Seiten starke Bericht benennt unter anderem das Ausbleiben von NATO-geführten Luftschlägen durch die UN, fehlende nachrichtendienstliche Informationen und ein zu spätes Erkennen der serbischen Kriegsziele als Fehler. Insgesamt wurden für die Zukunft robuste Mandate gefordert. In den Niederlanden wurde im April 2002 der Bericht »Srebrenica, a safe area – Reconstruction, background, consequences and analyses of the fall of a safe area« vorgelegt. Hier wird insbesondere auf das unklare Mandat, unzureichende Rules of Engagement (ROE), auf Ausbildungsmängel und mangelnde internationale Zusammenarbeit auf niederländischer Seite hingewiesen. Es wurde jedoch auch auf die schwierige unübersichtliche Lage angesichts der Geiselnahme von 55 Soldaten des Dutchbat, auf den Tod eines Soldaten, unzulängliche Verbindungen nach außen und Fehler in der Lagebeurteilung hingewiesen.

fahren musste. Anfang Juni 1995, nachdem sogar die Versorgung mit Trinkwasser gekappt worden war, geriet das niederländische Bataillon in Srebrenica in eine ähnliche Notlage wie die Zivilbevölkerung.

Das Schutzzonen-Konzept begann mit der Zeit dennoch für die serbischen Streitkräfte problematisch zu werden, da sich im Schutz von UNPROFOR die Verteidiger reorganisieren konnten.

So gelang es, gebietsweise (etwa in Tuzla) die Kampfkraft der Regierungstruppen ARBiH zu erhöhen, obwohl das Grundproblem der Waffenknappheit aufgrund des Waffenembargos bestehen blieb. In Srebrenica war die Lage weiterhin desolat. Die Eingeschlossenen erzielten sporadisch mäßige Erfolge.

Der Fall von Naser Orić offenbarte frühzeitig die Demoralisierung auf allen Seiten der Front und die chaotischen Verhältnisse: Orić, dem Kommandeur der bosnischen Streitkräfte in der Stadt, wird vorgeworfen, für die Folterung und den Tod von sieben serbischen Zivilisten verantwortlich zu sein. Bis Mai 1993 gestattete die serbische Seite keinem UN-Konvoi, militärische Hilfe zu bringen. Die bosnischen Kämpfer »organisierten« sich darum durch Überfälle Lebensmittel, Waffen und Munition. Fälle von mutwilliger Verwüstung sind ebenso registriert worden. Orić wurde im März 2003 vor dem Haager Tribunal angeklagt. Der Prozess läuft seit Oktober 2004. In der serbischen Propaganda wurden die »Beutezüge« aus der abgeschirmten Stadt Srebrenica wiederholt in einen ursächlichen Zusammenhang mit den späteren Massakern gestellt. Dieser Zusammenhang ist jedoch zweifelhaft.

Im März 1995 erging an das Drina-Korps der Armee der Serbischen Republik (Vojska Republike Srpske, VRS) eine Anweisung von Ratko Mladić, der Verband solle »ein Klima der totalen Unsicherheit und eine unerträgliche Situation schaffen, ohne Hoffnung auf Überleben für die Bevölkerung von Žepa und Srebrenica«. Die Stadtverteidigung Srebrenicas konnte dem nur wenig entgegensetzen. Die niederländische Friedenstruppe war ab Juni 1995 mit der eigenen Lage beschäftigt: Das Dutchbat war militärisch unterlegen; es fehlte die Erlaubnis für den Einsatz von Waffengewalt zur Durchsetzung des Auftrags. Zudem war das niederländische Bataillon hinsichtlich seiner eigenen Versorgung vom Verhalten der serbischen Belagerer abhängig. Anfang Juli startete die bosnisch-serbische Armee unter dem Kommando von Ratko Mladić eine gut koordinierte Offensive gegen die Schutzzone Srebrenica (und später gegen Žepa). Diese Operation, genannt »Krivaja 95«, wurde vom etwa 15 000 Mann starken Drina-Korps durchgeführt. Rasch nahmen serbische Soldaten die Checkpoints des Dutchbat ein. Als dem Dutchbat vollständig klar geworden war, dass Mladić die Schutzzone einnehmen wollte, war dies faktisch schon geschehen. Es folgten gleichsam unter den Augen der Völkergemeinschaft der Abtransport und die Vertreibung der muslimischen Bevölkerung.

Ebenso zügig und koordiniert wie die Vertreibung wurden Massenexekutionen durchgeführt. In 30 Stunden wurde Srebrenica entvölkert und binnen vier bis fünf Tagen wurden über 8000 Gefangene, zumeist unbewaffnete Männer und Jungen, umgebracht. Gleich nach dem Fall von Srebrenica hatte das Rote Kreuz 6546 Namen von Vermissten registriert. Im Oktober 2004 legte sogar eine Kommission der Republika Srpska einen Bericht über die Vermissten von Srebrenica vor. Die Kommission stellte fest, dass 1995 zwischen dem 10. und 19. Juli und unmittelbar danach insgesamt 8731 Menschen verschwunden sind.

Der Befehlshaber des Drina-Korps, Brigadegeneral Radislav Krstić, wurde nach seiner Verhaftung 1998 durch die SFOR im April 2004 vor dem ICTY wegen des Völkermordes von Srebrenica zu 35 Jahren Freiheitsstrafe rechtskräftig verurteilt. Der bosnische Serbenführer Radovan Karadžić und dessen Generalstabschef Ratko Mladić wurden 1995 vor dem ICTY angeklagt, konnten jedoch bis heute nicht gefasst werden.

Dunja Melčić

Literaturempfehlungen:

Srebrenica. Ein Prozeß. Hrsg. von Julija Bogoeva und Caroline Fetscher, Frankfurt a.M 2002

Marko Attila Hoare, How Bosnia Armed, London 2004

Jan Willem Honig und Norbert Both, Srebrenica. Der größte Massenmord in Europa nach dem Zweiten Weltkrieg, München 1997

	Christliches Mittelalter 9.–15. Jhdt. →
Internationale politische Entwicklung	
Politische Ereignisse in Bosnien-Herzegowina	ca. 955: erste überlieferte Nennung Bosniens
Kulturelle, religiöse, ethnische Ereignisse	9. Jahrhundert: Christianisierung des römisch geprägten Bosnien

1352: osmanische Armeen erreichen erstmals die südosteuropäische Halbinsel		1386/88: erste osmanische Vorstöße nach Bosnien
1326: Ban Stjepan II. Kotromanić annektiert Hum (etwa heutige Herzegowina)	1377: Krönung des Ban Tvrtko zum König von Bosnien und Serbien	
1326: katholische und orthodoxe Christen unter gleicher Herrschaft		

Münze König Tvrtkos

1480/81: Sandschak Zvornik (Ostbosnien mit Teilen Serbiens)	1483: Sandschak Herzegowina	1580: osmanische Provinz eyalet-i Bosna

1102: ungarische Herrschaft

etwa 1200: Erwähnung der bosnischen Kirche mit wachsender Unabhängigkeit von Rom

13./ 14. Jahrhundert: Beginn der Mission durch den Franziskanerorden, u.a. hl. Nikolaus Tavelic

Osmanische Zeit 1463–1878 →

1463: Osmanen erobern Königreich Bosnien, Bildung von Sandschaks

1463: Sandschak Bosnien

1459: erzwungene Konversion etwa 2000 Geistlicher der bosnischen Kirche zum Katholizismus durch König Tomaš II.; Zustrom von serbisch-orthodoxen Walachen ins Neretvagebiet und Nordbosnien

1683–1699: »Großer Türkenkrieg«; Zurückdrängung der Osmanen aus Ungarn

1697: Vormarsch Prinz Eugens von Savoyen bis nach Sarajevo

1683: Flucht von Muslimen aus ungarischen, kroatischen und dalmatinischen Gebieten nach Bosnien

1699: orthodoxer Metropolit von Bosnien erhält Amtssitz in Sarajevo

	Osmanische Zeit 1463–1878 →
Internationale politische Entwicklung	
Politische Ereignisse in Bosnien-Herzegowina	1737: österreichische Niederlage gegen das Osmanische Reich bei Banja Luka
Kulturelle, religiöse, ethnische Ereignisse	

Osmanische Fahne bis 1793

1875: Beginn des Aufstands der christlichen Bevölkerung in der Herzegowina als Auslöser der großen Orientkrise

1878: Berliner Konferenz; militärische Besetzung Bosniens und der Herzegowina durch österreichisch-ungarische Truppen

Bosnische Fahne 1878 bis 1908

1882: Mufti von Sarajevo zum Reis-ul-Ulema der Muslime Bosnien-Herzegowinas bestellt

1900: orthodoxe Metropolie Banja Luka-Bihać

1902: Gründung des serbischen Kulturvereins »Prosvjeta« in Sarajevo

1788 bis 1791: österreichisch-osmanische Kämpfe in Bosnien österreichische Besetzung weiter Landesteile

1831/32: großangelegte Revolte der Muslime gegen die osmanische Zentralherrschaft unter Husein Kapetan Gradaščević

Österreich-ungarische Zeit 1878–1918

1880: Eingliederung Bosniens und der Herzegowina in das K.u.k-Zollgebiet

1880: serbisch-orthodoxe Metropolien Sarajevo, Mostar Tuzla

1881 bis 1883: Aufstand der Muslime und Serben in der Herzegowina

1881: katholische Kirchenprovinz Bosnien-Herzegowina (Erzbistum Sarajevo, Bistümer Mostar, Banja Luka)

1906–1911: Zollkrieg (»Schweinekrieg«) zwischen Österreich-Ungarn und Serbien

1908: Jungtürkische Revolution, Annexion Bosnien-Herzegowinas durch Österreich-Ungarn und Proklamation der Unabhängigkeit Bulgariens führen zur »Bosnischen Annexionskrise«

1909: Einführung der allgemeinen Schulpflicht

	Österreich-ungarische Zeit 1878–1918
Internationale politische Entwicklung	1914: Julikrise führt zum Ausbruch des Ersten Weltkrieges
Politische Ereignisse in Bosnien-Herzegowina	1914: Ermordung des österreichischen Thronfolgers Franz Ferdinand und seiner Frau Sophie in Sarajevo (28. Juni)
Kulturelle, religiöse, ethnische Ereignisse	

1918: Gründung des »Nationalrates der Südslawen«, Vereinigung des »habsburgischen" Südslawenstaates mit Serbien zum »Königreich der Serben, Kroaten und Slowenen« (1. Dezember)

Fahne des ersten jugoslawischen Staates

1939: Beginn Zweiter Weltkrieg

1939: Der kroatisch-serbische »sporazum« vom August 1939 schlägt Teile Bosniens und der Herzegowina zur Banschaft Kroatien

1941: deutsche und italienische Invasion Jugoslawiens (6.4.), Proklamation des »Unabhängigen Staates Kroatien« unter Einschluss von Bosnien und der Herzegowina (10.4.)

Fahne des USK

1917: Großbritannien, Frankreich, Russland und Italien formulieren »Befreiung der Südslawen« als Kriegsziel

1915–1916: Hochverratsprozess von Banja Luka mit 16 Todesurteilen

1918: Rücktritt der habsburgischen Verwaltung in Bosnien, Bildung einer unabhängigen bosnisch-herzegowinischen Regierung

Erste jugoslawische Zeit 1918–1941

1929–1941: Königsdiktatur unter Alexander I. und autoritäre Regime; Umbenennung des »Königreichs der Serben, Kroaten und Slowenen« in »Jugoslawien«

1921: Aufteilung Bosniens und der Herzegowina auf sechs Bezirke (oblasti) unter Wahrung der vormaligen Außengrenzen des Landes

1929: Aufteilung auf vier großteils außerbosnische Banschaften

Kroatische Zeit 1941–1945

1942: Gründung des »Antifaschistischen Rates der nationalen Befreiung Jugoslawiens« in Bihać (26./27. 11.)

1941: Aufbau der »Tschetnik-Verbände der Jugoslawischen Armee«

1941–1945: systematische Terrorisierung und Verfolgung der Serben im »Unabhängigen Staat Kroatien«

	Kroatische Zeit 1941–1945 →
Internationale politische Entwicklung	1943: Konferenz von Teheran
Politische Ereignisse in Bosnien-Herzegowina	1943: 2. Sitzung des »Antifaschistischen Rats« in Jajce und Gründung einer provisorischen Regierung (29./30.11.)
Kulturelle, religiöse, ethnische Ereignisse	

1945: Proklamation der Föderativen Volksrepublik Jugoslawien (29.11.)

Fahne Jugoslawiens nach dem Zweiten Weltkrieg

1945: Einnahme Sarajevos durch die Partisanen (6.4.), Einsetzung einer »Volksregierung« für Bosnien-Herzegowina als jugoslawische Teilrepublik

Fahne Bosnien-Herzegowinas nach dem Zweiten Weltkrieg

1949/50: Verhaftung mehrerer hundert Mitglieder des als Reaktion auf antireligiöse und antiislamische Regierungspolitik entstandenen Studentenorganisation »Junge Muslime«

1943: Anerkennung von Josip Broz »Tito« als Führer des jugoslawischen Widerstands durch Großbritannien und die Sowjetunion (30.11.)

1943: Aufstellung der aus bosnischen Muslimen bestehenden 13. Waffen-Gebirgs-Division der SS »Handschar« (kroat. Nr. 1); Partisanenbekämpfung durch deutsche, italienische und kroatische Verbände, Kämpfe zwischen Tito-Partisanen und Mihailović-Tschetniks, Niederlage der Tschetniks, Partisanen unter Tito gelingt Ausbruch an der Sutjeska

Zweite jugoslawische Zeit 1945–1992

1948: Bruch mit der UdSSR; Ausschluss Jugoslawiens aus dem Kominform (28.6.)

1946: erste Verfassung der Volksrepublik Bosnien-Herzegowina

1947: Abschaffung der muslimischen Kultur- und Bildungsvereine »Gajret« und »Narodna Uzdanica«

1955: Aussöhnung Jugoslawiens mit der UdSSR; die UdSSR anerkennt »jugoslawischen Weg zum Sozialismus«

1950 Mai/Juni: blutig niedergeschlagener Aufstand im Raum Cazin als Sozialrevolte der muslimischen und serbischen Bauernbevölkerung

1961: Erste Konferenz der »Blockfreien Staaten« in Belgrad

	Zweite jugoslawische Zeit 1945–1992
Internationale politische Entwicklung	1963: neue Verfassung Jugoslawiens, neuer Staatsname »Sozialistische Föderative Republik Jugoslawiens«
Politische Ereignisse in Bosnien-Herzegowina	
Kulturelle, religiöse, ethnische Ereignisse	1968: offizielle Anerkennung der Muslime als Nation

1983: Prozeß gegen 13 muslimische Aktivisten, Hauptangeklagter Alija Izetbegović	1987: Auf dem 8. Plenum des Zentralkommittees des Bundes der Kommunisten Serbiens schaltet Slobodan Milošević seine politischen Gegner aus: Beginn der »Ära Milošević« (bis 2000)
1984: Olympische Winterspiele in Sarajevo	

1991 Mai: Beginn einer separatistischen Politik durch die SDS, Bildung mehrerer »Serbischer autonomer Regionen«; Juli: Beginn der systematischen Bewaffnung der bosnischen Serben durch die Regierung in Serbien, die Jugoslawische Volksarmee und die SDS;

1974: neue Verfassung Jugoslawiens, Tito wird Präsident auf Lebenszeit

1980: Tod Titos (4. Mai)

1971: »Kroatischer Frühling«

1977: Errichtung einer islamischen Theologischen Fakultät an der Universität Sarajevo

1990: Gründung nationaler Parteien von Muslimen, Kroaten und Serben; freie Wahlen im Dezember, Koalition der drei großen nationalen Parteien (muslimische SDA, serbische SDS und kroatische HDZ) unter Alija Izetbegović

September: Kämpfe zwischen jugoslawischer Armee und bosnischen Serben gegen Kroaten in Teilen der Herzegowina; Oktober: Auszug der SDS aus dem Republiksparlament, Konstituierung einer »serbischen Nationalversammlung« in Banja Luka

	Zweite jugoslawische Zeit 1945–1992
Internationale politische Entwicklung	1992 Februar: Einsatz der United Nation Protection Force (UNPROFOR) in Kroatien;
Politische Ereignisse in Bosnien-Herzegowina	1992 Februar/1.März: Referendum über die Unabhängigkeit von Bosnien und Herzegowina mit überwältigender Mehrheit (Wahlbeteiligung ca. 64 Prozent; Boykott durch Serben);
Kulturelle, religiöse, ethnische Ereignisse	

Zeit der Eigenstaatlichkeit: Bosnien-Herzegowina
1993: Beginn der Kriegführung zwischen Bosniaken und Kroaten; Ausrufung einer unabhängigen muslimischen Republik unter Fikret Abdić in Westbosnien im Gegensatz zur Regierung unter Alija Izetbegović
1993: Einführung der Bezeichnung »bosniakisch« anstelle von »Muslimisch« für muslimisch geprägte Institutionen

1996 Dezember: UN-Resolution 1088 autorisiert Einsatz der Stabilization Force (SFOR) der NATO.
1996: Ablösung der IFOR nach Erfüllung ihres Auftrages durch die Stabilization Force (SFOR)

Fahne Bosnien-Herzegowinas 1992 bis 1998

April: Internationale Anerkennung von Bosnien Herzegowina; Juni: Erweiterung UNPROFOR auf Bosnien-Herzegowina (bis 1995)

März: Ausrufung der Republika Srpska; Juli: Proklamation der »Kroatischen Gemeinschaft von Herceg-Bosna«

Fahne Bosnien-Herzegowinas seit 1998

1995 Dezember: serbisch-kroatische Einigung über die Demilitarisierung Ostslawoniens, Beauftragung der NATO zum Einsatz Implementation Force (IFOR) durch UN Resolution 1031

1995 März: Vertragsunterzeichnung zur Bildung der bosniakisch-kroatischen »Föderation Bosnien-Herzegowina«; Juli: Fall der UNO-Schutzzone Srebrenica (11.7.); Dezember: Ablösung der Blauhelme der UNPROFOR durch eine Implementation Force (IFOR) unter dem Kommando der NATO

2004: UN-Resolution 1575 autorisiert Einsatz der European Union Force (EUFOR / ALTHEA) in Bosnien-Herzegowina

2004 Dezember: Unter Führung der Europäischen Union löst die European Union Force (EUFOR) die NATO geführte SFOR ab

ullstein bild – Pusija

Religiöse Feier vor einer serbisch-orthodoxen Kirche

Kalender

Erinnerungstage
Festtage
Feiertage

Januar

1/2	Nova godina – Neujahr (römisch-katholisch/weltlich)
7	Božić – Weihnachtsfest (serbisch-orthodox)
9	Ausrufung der Serbischen Republik Bosnien-Herzegowina (1992)
14	Nova godina – Neujahr (serbisch-orthodox)
15	Anerkennung Kroatiens und Sloweniens durch die EG-Mitgliedstaaten (1992)
21	Eid-ul-Adha* – Grand Baïram – Kurban Bajram – Fest des Schafs (moslemisch) [10.01. und 31.12./20.12.]

* = Feiertage mit jährlich wechselndem Datum; Datum für 2005 [2006/2007]

Februar

10 El am Hejir* – Hégire – Nova godina – Neujahr (moslemisch) [31.01./21.01.]

28 erster Kampfeinsatz in der Geschichte der NATO: Abschuss von vier serbischen Kampfjets (1994)

29 Ausrufung der Unabhängigkeit Bosnien-Herzegowinas durch ein Referendum (1992)

März

1 Dan nezavisnosti – Unabhängigkeitstag (vorläufiger Nationalfeiertag, außer Republika Srpska)

18 Gründung der bosnisch-kroatischen »Föderation Bosnien-Herzegowina« in Washington (1994)

25 Veliki petak* – Karfreitag (römisch-katholisch) [14.04./16.04.]

27 Uskrs* – Ostern (römisch-katholisch) [16.04./8.04.];
Ausrufung der Republika Srpska (1992)

28 Uskršnji ponedjeljak* – Ostermontag (römisch-katholisch)

April

6 Anerkennung Bosnien-Herzegowinas durch die EG-Mitgliedstaaten (1992)

7 Unabhängigkeitserklärung Republika Srpska (1992)

10 Gründung des Unabhängigen Staates Kroatien (USK, kroat. Nezavisna Država Hrvatska, NDH, 1941)

21 Eid-Milad-Nnabi* – Geburtstag des Propheten (moslemisch) [10.04./1.04.]

29 Veliki petak* – Karfreitag (serbisch-orthodox) [21.04./6.04.]

Mai

1 Nationalfeiertag: Dan rada – Tag der Arbeit; Vaskrs* – Ostern (serbisch-orthodox) [23.04./8.04.]

2 Nationalfeiertag: Dan rada – Tag der Arbeit; Vaskrsni ponedjeljak* – Ostermontag (serbisch-orthodox) [24.04./9.04.]

4 Todestag Josip Broz Tito (1980)

6 Djurdjevdan – Tag des hl. Georg (serbisch-orthodox)

9 Dan pobjede – Tag des Sieges (1945)

25 Geburtstag Josip Broz Tito (1892)

Juni

25 Unabhängigkeitserklärung Sloweniens und Kroatiens (1991)

28 Vidovdan – Tag des hl. Veit (serbisch-orthodox);
Tag der Schlacht auf dem Kosovo polje – Amselfeld (1389; Feiertag nur in der Republika Srpska)

Juli

11 Fall der Enklave Srebrenica, Massaker an ca. 8000 Menschen (1995)

August

15 Velika Gospa – Mariä Himmelfahrt (römisch-katholisch)

28 Velika Gospa – Mariä Himmelfahrt (serbisch-orthodox)

September

8 Mala Gospojina – Geburtstag der hl. Jungfrau Maria (römisch-katholisch)

21 Mala Gospojina – Geburtstag der hl. Jungfrau Maria (serbisch-orthodox)

Oktober

15 Erklärung Bosnien-Herzegowinas über den Austritt aus dem jugoslawischen Staat (1991)

November

1 Svi Sveti – Allerheiligen (römisch-kathlisch)

3 Eid El Fitr* – Ramazanski Bajram – Ende der Fastenzeit Ramadan (moslemisch) [23.10./13.10.]

8 Mitrovdan – Tag des hl. Demetrius (serbisch-orthodox)

21 Unterzeichnung des »Rahmenabkommens für Frieden in Bosnien-Herzegowina« (The General Framework Agreement for Peace in Bosnia and Herzegovina) in Dayton, Ohio (1995)

25 Nationalfeiertag: Dan Državnosti (Ausrufung Volksrepublik Bosnien-Herzegowina 1943; kein Feiertag in der Republika Srpska)

Dezember

14 Unterzeichnung des Abkommens von Dayton in Paris (1995)

20 Bildung der ersten jugoslawischen Regierung im SHS-Staat

25 Weihnachten (römisch-katholisch)

ullstein bild – CARO/Kaiser

Wallfahrtsort: Medjugorje bei Čitluk ist ein Zentrum der katholischen Marienverehrung, das jährlich von Pilgern aus der ganzen Welt besucht wird. Seit dem 24. Juni 1981 soll die Gottesmutter oder »Gospa« in Medjugorje immer wieder Gläubigen erscheinen und ihnen Botschaften mit auf den Weg geben.

Erinnerungsorte

(siehe hierzu Klappkarte am Ende des Buches)

1 Banja Luka

Nach Sarajevo zweitgrößte Stadt Bosniens, katholischer Bischofssitz, von 1583 bis 1638 Sitz des Paschas von Bosnien. Im Zweiten Weltkrieg lag hier das Hauptquartier der 15. Armee der Wehrmacht. Bekannt ist Banja Luka auch für die Banja-Luka-Operationen der Jugoslawischen Volksbefreiungsarmee (Narodnooslobodilačka vojska Jugoslavije) vom 12. Dezember 1943 bis zum 1. Januar 1944. Befreit wurde Banja Luka am 22. April 1945.

Im jugoslawischen Nachfolgekrieg 1992 bis 1995 blieb die Stadt weitestgehend von Kampfhandlungen verschont. Jedoch wurden schätzungsweise 70 000 Menschen (Bosniaken und Kroaten) im Rahmen so genannter ethnischer Säuberungen vertrieben und etwa die Hälfte der katholischen Kirchen und der Moscheen vollkommen zerstört, so unter anderem die Ferhadija Moschee und das Franziskanerkloster. Seit 1998 ist Banja Luka Regierungssitz der Republika Srpska.

2 Bihać

Die osmanische Festung Bihać wurde in den Türkenkriegen von den Österreichern nie erobert. Im Geschichtsbewusstsein des sozialistischen Jugoslawien spielte Bihać eine bedeutende Rolle. Hier befand sich der Sitz der Jugoslawischen Volksbefreiungsarmee unter Führung von Josip Broz »Tito«. Auch fand hier die erste Tagung des im November 1942 gegründeten »Antifaschistischen Rats der Volksbefreiung Jugoslawiens« (Antifašističko vijeće Narodnog oslobodjenja Jugoslavije, AVNOJ) statt. Als bosniakische Enklave im Serbengebiet wurde Bihać nach der UN Weltsicherheitsresolution 819 zu einer der sechs »safe areas« in Bosnien-Herzegowina erklärt.

3 Titov Drvar

Während des Zweiten Weltkrieges befand sich Titos Hauptquartier in Drvar. Nach dessen Tod wurde die Stadt 1981 in Titov Drvar umbenannt. Die Titohöhle (Titova pećina) – das Versteck der Partisanen – ist auch heute noch ein Ort der Erinnerung an Marschall Tito.

4 Goražde

In osmanischer Zeit war Goražde Sitz des Muftis und hatte somit lange den Charakter einer Provinzhauptstadt. 1991 war die Mehrheit der Bevölkerung muslimisch (bosniakisch). Nach der Resolution 819 des Sicherheitsrates der Vereinten Nationen war die Stadt eine der sechs »safe areas« in Bosnien-Herzegowina. Im Juni 1993 war sie massiven serbischen Angriffen ausgesetzt. Im April 1994 drangen serbische Truppen in die Schutzzone Goražde ein. Die Verletzung der Schutzzone führte zu einer Wende in der Politik der Vereinten Nationen. Zwar dementierte die United Nations Protection Force (UNPROFOR) am 8. April 1994 den seitens der Bosniaken erhobenen Vorwurf, die Serben hätten Giftgas eingesetzt, doch wurde der UN-Beauftragte für das ehemalige Jugoslawien, Yasushi Akashi, ermächtigt, Luftangriffe anzuordnen, nachdem die serbischen Truppen einen Besuch des Oberkommandierenden der UNPROFOR, General Rose, in Goražde verweigerten. Am 10. und 11. April flog die NATO Luftangriffe auf serbische Stellungen bei Goražde. Die Versorgung der Bevölkerung erfolgte über eine Luftbrücke der NATO. Am 16. April 1994 wurde über Goražde ein britisches Flugzeug abgeschossen.

5 Jajce

Die Stadt war vor der Eroberung durch das Osmanische Reich der Sitz mittelalterlicher christlich-bosnischer Könige. Sie kann daher als »erste Hauptstadt« Bosniens betrachtet werden. Die orientalisch geprägte Stadt ist Sitz bedeutender Moscheen (Hunkarija-Moschee, Ferhadija-Moschee). Im November 1943 wurden in Jajce auf einer Sitzung der Kommunistischen Partei Jugoslawiens die Weichen für einen sozialistischen jugoslawischen Staat als Föderation mit sechs gleichberechtigten Republiken gestellt. Am 29. November 1945 wurde hier die »Föderative Volksrepublik Jugoslawien« ausgerufen. Vor dem jugoslawischen Nachfolgekrieg bestand hier die Mehrheit der Bevölkerung zu etwa gleichen Teilen aus Kroaten und Muslimen. Am 28. Oktober 1992 wurde die Stadt nach fünfmonatigem Widerstand von serbischen Truppen eingenommen. 1995 eroberten kroatische Truppen die Stadt.

6 Medjugorje
Seit 1981 wurde von Marienerscheinungen in Medjugorje berichtet. In der Folge entwickelte sich der Ort zu einem sehr populären – wenn auch inoffiziellen – katholischen Wallfahrtsort und Kristallisationspunkt für die im sozialistischen Jugoslawien unterdrückte katholische Kirche. Der Wallfahrtsort steht auch exemplarisch für die tiefe Verwurzelung weiter Teile der kroatischen Ethnie im katholischen Glauben.

7 Mostar
In osmanischer Zeit war Mostar das Verwaltungszentrum der Herzegowina. Nach der Unabhängigkeitserklärung Bosnien-Herzegowinas 1992 wurde die Stadt neun Monate von der Jugoslawischen Volksarmee belagert. Zwischen Januar und Juni hielten die Jugoslawische Armee und serbische Freischärlerverbände die Stadt besetzt. Im Oktober 1992 nahmen bosniakisch-kroatische Kräfte (HVO, ARBiH) die Stadt ein. Zwei Massengräber mit mehr als hundert Leichen ermordeter Zivilisten wurden entdeckt. In Mostar zerbrach die muslimisch-kroatische Allianz aufgrund verschiedener politischer Zielvorstellungen (Selbstständigkeit oder Teil Kroatiens).

Bedeutendstes Denkmal der Stadt ist die »Alte Brücke« (Stari Most) über die Neretva. 1993 zerstörten kroatische Soldaten dieses Symbol der Verbindung der verschiedenen Ethnien in Mostar und Bosnien-Herzegowina. Zwar wurde die Brücke zwischen 1996 und 2004 wieder aufgebaut, doch ist Mostar nach wie vor eine zwischen Kroaten und Bosniaken ethnisch geteilte Stadt.

8 Pale
Im jugoslawischen Nachfolgekrieg war Pale Sitz des bosnisch-serbischen Hauptquartiers. Es ist auch die Heimatstadt von Radovan Karadžić. Pale ist nominell die Hauptstadt der Republika Srpska, der Regierungssitz jedoch befindet sich seit 1998 in Banja Luka.

9 Sanski Most
Die Region um Sanski Most wurde im Mai 1992 durch die Jugoslawische Armee und serbische Kräfte besetzt. Die Gegend war im jugoslawischen Nachfolgekrieg ein Zentrum grausamer Verbrechen. Zahlreiche Massengräber wurden hier gefunden.

10 Sarajevo

Sarajevo ist die Hauptstadt Bosnien-Herzegowinas. Die Stadt wird auch Klein-Jerusalem genannt, da sie Sitz eines serbisch-orthodoxen Metropoliten, eines römisch-katholischen Erzbischofs und des Oberhauptes der bosnisch-herzegowinischen Muslime ist. Die Belagerung von Sarajevo begann am 5. April 1992. Die Stadt wurde 1425 Tage von serbischen Freischärlern belagert und war stärkstem Beschuss ausgesetzt. Der Belagerung fielen 10 615 Menschen zum Opfer, unter ihnen 1601 Kinder. Etwa 50 000 Menschen wurden in Sarajevo durch Granaten, Minen oder Scharfschützen verletzt.

11 Slavonski Brod (CRO) und Bosanski Brod (BiH)

Zwei sich gegenüber liegende Grenzstädte an der Save. Hier zeigte sich die Verquickung der bosnischen mit der kroatischen Politik während des Krieges. Durch Kampfhandlungen, aber auch durch die Flüchtlingsströme drohte hier mehrere Male, dass sich der Konflikt erneut auf Kroatien ausweitet.

12 Sutjeska

Wie kein anderer Ort steht der Kampf an der Sutjeska für die Komplexität der Verhältnisse in Bosnien-Herzegowina während des Zweiten Weltkrieges. In den beiden bekanntesten Operationen gegen die Partisanenbewegung, »Unternehmen Weiß« und »Unternehmen Schwarz« (Januar bis Juni 1943), kämpften auf deutscher Seite neben deutschen und italienischen Divisionen die aus »volksdeutschen« bestehende SS-Division »Prinz Eugen«, die 369. kroatische Legionsdivision der Wehrmacht, Verbände des »Unabhängigen Staates Kroatien« und serbische Mihajlović-Tschetniks. Trotz insgesamt numerischer Unterlegenheit im Verhältnis 1 : 3 gelang es den Tito-Partisanen an der Sutjeska im Mai und Juni 1943 die deutsche Einkreisung unter schweren Verlusten (ca. 7000 Gefallene) zu durchbrechen. Im jugoslawischen Geschichtsverständnis stand Sutjeska nicht nur für den Sieg der »Kommunisten über den Faschismus«; vielmehr war die Schlacht an der Sutjeska auch ein Symbol für die Befreiung Jugoslawiens »aus eigener Kraft« – ohne Zutun der Roten Armee.

13 Tuzla
Während des Zweiten Weltkrieges war Tuzla die größte befreite Stadt Jugoslawiens (Einnahme durch die Volksbefreiungsarmee am 2. Oktober 1943). Im Gegensatz zu den meisten anderen Städten Bosnien-Herzegowinas wurde Tuzla in der Zeit der jugoslawischen Nachfolgekriege nie von nationalistischen Parteien regiert. Während des Krieges von 1992 bis 1995 arbeiteten bosniakische, kroatische und serbische Bewohner weiterhin zusammen und verteidigten die Stadt auch gemeinsam gegen die Angriffe serbischer Truppen. Im Winter 1993/94 war die Stadt zeitweilig vollkommen eingekesselt, was zu einer teilweise dramatischen Versorgungslage führte. Artillerieangriffe zerstörten weite Teile der Stadt. Als Erinnerungstag an 71 meist junge Opfer von Artillerieeinschlägen (vorwiegend Schüler) ist der 25. Mai 1995 im kollektiven Gedächtnis verhaftet. Nach der Resolution 819 des Sicherheitsrates der Vereinten Nationen war die Stadt eine der sechs »safe areas« in Bosnien-Herzegowina.

Weiterführende Literaturhinweise

Wissenschaftliche Literatur

Peter Bartl, Grundzüge der jugoslawischen Geschichte, Darmstadt 1985

Marie-Janine Calic, Das Ende Jugoslawiens. Informationen zur politischen Bildung, Informationen aktuell. Hrsg. von der Bundeszentrale für politische Bildung, Bonn 1996

Marie-Janine Calic, Krieg und Frieden in Bosnien-Hercegovina, erw. Neuausgabe, Frankfurt a.M. 1996
[Die Darstellungen berücksichtigen historische, politologische, soziologische und psychologische Gesichtspunkte.]

Dayton. Perspektiven europäischer Sicherheit. Hrsg. von der Stiftung Wissenschaft und Politik. Forschungsinstitut für internationale Politik und Sicherheit, Ebenhausen/Isertal 1996 (SWP-IP 2946, Februar 1996)

Karlheinz Deschner und Milan Petrović, Weltkrieg der Religionen. Der ewige Kreuzzug auf dem Balkan, Stuttgart, Wien 1995 [Petrović ist Professor für Politische Wissenschaft in Niš/Serbien. Die Ereignisse von 1914 und die Beurteilung Titos werden ebenso aus einem serbischen Blickwinkel geschildert wie die jüngsten Konflikte.]

Srečko M. Džaja, Die politische Realität des Jugoslawismus (1918–1991) Mit besonderer Berücksichtigung Bosnien-Herzegowinas, München 2002 [Džaja ist Experte für die Geschichte Bosnien-Herzegowinas und Autor zahlreicher Fachstudien.]

Marc Fritzler, Stichwort Bosnien, München 1994 [Fritzlers Taschenbuch stellt auf ca. 100 Seiten Bosnien in übersichtlicher, komprimierter Form vor: Geographie und Bevölkerungsstruktur, Geschichte und den Krieg seit 1992.]

Edgar Hösch, Geschichte der Balkanländer. Von der Frühzeit bis zur Gegenwart, München 1999 [Standardwerk zur Geschichte des Balkanraums im Überblick.]

Der Jugoslawien-Krieg. Handbuch zur Vorgeschichte, Verlauf und Konsequenzen. Hrsg. von Dunja Melčić, Wiesbaden 1999 [Breit angelegter Sammelband, in dem der Jugoslawienkrieg von Slowenien bis Kosovo aus verschiedenen Blickwinkeln beleuchtet wird; Neuauflage im Herbst 2005.]

Lexikon zur Geschichte Südosteuropas. Hrsg. von Edgar Hösch, Karl Nehring und Holm Sundhaussen, Wien 2004 [Auf 770 Seiten finden sich hier von Fachautoren verfasste Artikel von »Bogumilen« bis »Vlachen«.]

Noel Malcolm, Geschichte Bosniens, Frankfurt a.M. 1996 [Standardwerk zur Geschichte Bosnien-Herzegowinas.]

Munzinger-Archiv. Internationales Handbuch, Länder aktuell. Ravensburg 1995/96 [Artikel über Nachfolgestaaten des ehemaligen Jugoslawien.]

Südosteuropa. Ein Handbuch. Gesellschaft, Politik, Wirtschaft, Kultur. Hrsg. von Magarditsch Hatschikjan und Stefan Troebst, München 1999 [500 Seiten wissenschaftliche Auseinandersetzung mit Südosteuropa, von ausgewiesenen Fachleuten für Spezialisten.]

Holm Sundhaussen, Experiment Jugoslawien. Von der Staatsgründung bis zum Staatszerfall, Mannheim [u.a.] 1993

Holm Sundhaussen, Geschichte Jugoslawiens 1918–1980, Stuttgart 1982 [Übersichtliche, informative und gut lesbare Überblicksdarstellungen. Der Autor leitet das Osteuropa-Institut der Freien Universität Berlin.]

Michael W. Weithmann, Balkan-Chronik. 2000 Jahre zwischen Orient und Okzident, 3., aktual. und erw. Aufl., Regensburg 2000 [Weithmanns umfangreiche Balkan-Chronik enthält eine Fülle von Fakten zur Balkangeschichte und stellt interessante Bezüge zwischen Völkern, Staaten, Nationalitäten, Kulturen und Religionen her.]

Fachzeitschriften

Osteuropa. Zeitschrift für Gegenwartsfragen des Ostens. Hrsg. von der Deutschen Gesellschaft für Osteuropakunde, Stuttgart

Südost-Europa. Zeitschrift für Gegenwartsforschung; Monatsschrift der Abteilung Gegenwartsforschung des Südost-Instituts München

Romane und Erzählungen

Romane und Erzählungen vermitteln ein eindringliches Bild von Geschichte und Gegenwart Bosnien-Herzegowinas. Eine kleine Auswahl von in deutscher Sprache verfügbaren Titeln:

Ivo Andric, Die Brücke über die Drina, München 2003

Ivo Andric, Buffet Titanic, München 2000

Ivo Andric, Wesire und Konsuln, Frankfurt 2001 [Ivo Andric, 1892–1975, hinterließ ein umfangreiches Prosawerk, für das er 1961 den Literaturnobelpreis erhielt. Bosnien unter den Osmanen, unter den Österreichern, im Ersten Weltkrieg bis hin zum Ustascha-Regime und zu den Partisanenkämpfen des Zweiten Weltkriegs sind Themen seiner historischen Romane und Erzählungen.]

John A. Cuddon, Jugoslawien. Ein Führer, München 1967 [Der handliche und reich bebilderte Klassiker unter den Reiseführern ist mittlerweile selbst ein Geschichtsbuch über das Jugoslawien der sechziger Jahre. Nur noch antiquarisch (www.zvab.com) zu beziehen.]

Milovan Djilas, Das Dorf im Dreiländereck, Frankfurt a.M. [u.a.] 1992

Milovan Djilas, Der Krieg der Partisanen. Jugoslawien 1941–1945. Memoiren, Wien [u.a.] 1978 [Milovan Djilas, 1911–1995, jugoslawischer Politiker, Offizier der Jugoslawischen Volksbefreiungsarmee, Schriftsteller und Dissident, zweimal wegen systemkritischer Stellungnahmen zu mehrjährigen Haftstrafen verurteilt, beschreibt in seinen literarischen und zahlreichen theoretischen Schriften vor allem das Jugoslawien der Kriegs- und Nachkriegszeit.]

Otmar Jenner, Sarajevo Safari, München 2002 [Aus der Perspektive eines ausländischen Journalisten werden im Roman die ausufernde Brutalität und das Leben im Ausnahmezustand zur Zeit von UNPROFOR geschildert.]

Miljenko Jergović, Karivani. Ein Familienmosaik, Wien 1997

Miljenko Jergović, Sarajevo Marlboro. Erzählungen, Wien 1996 [Die Belagerung Sarajevos sowie das Leben im Bosnien der Kriegszeit werden in diesen beiden Bänden des Autors thematisiert.]

Das Kind. Die Frau. Der Soldat. Die Stadt. Zeitgenössische Erzählungen aus Bosnien-Herzegowina. Hrsg. von Dragoslav Dedović, Klagenfurt 1999 [Sammlung mit Texten bosnischer, serbischer und kroatischer Autoren. Zentrale Themen sind Krieg, Zerstörung und Wiederaufbau.]

Semezdin Mehmedinovic, Sarajevo Blues, Göttingen 1999 [In packenden Szenen macht M. das Leben in Sarajevo vor und nach dem Bürgerkrieg anschaulich.]

Meša Selimović, Der Derwisch und der Tod, Salzburg 1994 [Der Roman thematisiert das komplizierte bosnische, d.h. bosnisch-moslemische Lebensgefühl und nationale Selbstverständnis zur Zeit der osmanischen Herrschaft.]

Nenad Velickovic, Logiergäste, Berlin 2002 [Der erstmals 1995 in Sarajewo erschienene Roman handelt in teils beißend sarkastischer Weise vom Kampf der Ethnien in der belagerten Stadt.]

Internettipps

www.bmlv.gv.at [Homepage des österreichischen Bundesministerium für Landesverteidigung; Länderinformationen als pdf-Datei abrufbar]
www.bosnia-herzegovina.starttips.com [Länderinformation zum Einstieg]
www.bosnia.org.uk [Homepage des Bosnian Institute]
www.euforbih.org [Homepage der EUFOR, englisch]
www.eusrbih.org [Homepage des European Union Special Representative, EUSR, englisch]
www.ewis.de [East West Information Service]
www.hrw.org [Homepage von Human Rights Watch]
www.nato.int [Homepage der NATO, weiterführend zu IFOR, SFOR, EUFOR]
www.oei.fu-berlin.de [Homepage des Osteuropa-Instituts, Freie Universität Berlin]
www.osce.org [Homepage der Organisation für Sicherheit und Zusammenarbeit in Europa, englisch]
www.osteuropa-infoseite.de [aktuelle Länderinformation]
www.sicherheitspolitik.de [Länderinformationen der Bundesarbeitsgemeinschaft Studierender Reservisten]
www.srebrenica.nl [Umfangreiche Informationen über den Krieg 1991–1995 des Nederlands Instituut voor Oorlogsdocumentatie, englisch]
www.swp-berlin.org [Homepage der Stiftung Wissenschaft und Politik]
www.tol.cz [aktuelle Länderinformation, englisch]

Autorinnen und Autoren

PD Dr. Katrin Boeckh, Osteuropa-Institut, München
kboeckh@lrz.uni-muenchen.de
Professor Dr. Marie-Janine Calic, Historisches Seminar, Abteilung für Geschichte Ost- und Südosteuropas, Ludwig-Maximilian-Universität München
mj.calic@lrz.uni-muenchen.de
Dr. Konrad Clewing, Südost-Institut, München
SOI.SOF@lrz.uni-muenchen.de
Dr. Aleksandar Jakir, Philipps-Universität Marburg, Fachbereich Geschichte und Kulturwissenschaften, Fachgebiet Osteuropäische Geschichte
jakir@staff.uni-marburg.de
Hauptmann Agilolf Keßelring M.A., Militärgeschichtliches Forschungsamt, Potsdam
agilolfkesselring@bundeswehr.org
Dr. Markus Koller, Historisches Institut der Universität Bern
kollermar@yahoo.com
Ulrike Lützelberger M.A., Leipzig
UlrikeLuetzelberger@web.de
Dr. Dunja Melčić, Philosophin und Freie Publizistin, Frankfurt a.M.
dunja@melcic-mikulic.de
Armina Omerika M.A., Ruhr-Universität Bochum
Jesen.IN@gmx.net
Professor Dr. Holm Sundhaussen, Osteuropa-Institut, Freie Universität Berlin
sundhaus@gmx.net

Register der Personen, Orte und Fachbegriffe

Häufige Begriffe wie Bosnien-Herzegowina und Ländernamen sind nicht aufgeführt. Fettgedruckte Zahlen verweisen auf einen Infokasten.